De la Teta
al Plato

Si este libro le ha interesado y desea que lo mantengamos
informado de nuestras publicaciones, puede escribirnos a
comunicacion@editorialsirio.com,
o bien suscribirse a nuestro boletín de novedades en:
www.editorialsirio.com

Título original: Io mi svezzo da solo!
Traducido del italiano por Mª Carmen García Bernabeu
Diseño de portada: Editorial Sirio, S.A.
Imagen de portada: © Aliaksei Lasevich - Fotolia.com

© de la edición original
2008 Bonomi Editore

© de la presente edición
EDITORIAL SIRIO, S.A.

EDITORIAL SIRIO, S.A.	NIRVANA LIBROS S.A. DE C.V.	ED. SIRIO ARGENTINA
C/ Rosa de los Vientos, 64	Camino a Minas, 501	C/ Paracas 59
Pol. Ind. El Viso	Bodega nº 8,	1275- Capital Federal
29006-Málaga	Col. Lomas de Becerra	Buenos Aires
España	Del.: Alvaro Obregón	(Argentina)
	México D.F., 01280	

www.editorialsirio.com
sirio@editorialsirio.com

I.S.B.N.: 978-84-16233-93-9
Depósito Legal: MA-1169-2015

Impreso en Imagraf Impresores, S. A.
c/ Nabucco, 14 D - Pol. Alameda
29006 - Málaga

Impreso en España

Puedes seguirnos en Facebook, Twitter, YouTube e Instagram.

Lucio Piermarini

De la Teta al Plato

Diálogos sobre el destete

Vosotros sois semejantes al sol, que hace germinar los frutos de la tierra. El rayo de vuestro intelecto ilustra y calienta al mío, y así nacen los conceptos que oís.

TORQUATO TASSO,
Diálogos

A los maestros

ADVERTENCIA

*Que puedas hacerlo todo, y solo
desees hacer lo bueno.*

M. DE MONTAIGNE,
Ensayos

E ste libro no pretende ser un manual científico y no incluirá ninguna reseña o bibliografía. Esto no quiere decir que no tenga bases científicas. Todo lo contrario. Nada de lo que aquí expongo carece de una literatura científica sólida en la que basarse, solamente que no me ha parecido oportuno especificarla. En la relación médico-paciente, no es cierto que al airear artículos de medicina se obtenga la conocida alianza terapéutica. Si no existe confianza, se puede decir, escribir y documentar lo que se quiera, pero nadie se convencerá. En cambio, quiero ser convincente sobre todo en las bases lógicas, aprovechando la experiencia diaria, y de esta manera conquistar la confianza de la persona que lea esto.

Según el subtítulo, este libro pretende ser un diálogo con los padres. Posiblemente un diálogo parecido al que tuve la suerte de tener con cientos de madres y decenas de padres, en mi trabajo como pediatra de consultorio durante quince brevísimos años. Un trabajo impropio para un pediatra, por lo menos en una visión moderna de la organización sanitaria, donde los médicos se ocupan de las enfermedades y no de las normalidades. Pero tengo que agradecer a la suerte que me permitiese escapar de un departamento hospitalario de pediatría y me condujese a un consultorio familiar. En él, al igual que en las bodas de Caná, cuando al final del banquete se sirvió el mejor vino, también se me sirvió a mí la mejor compañía profesional de mi vida como pediatra. Al vino de estas bodas entradas en años le debo la posibilidad de una experiencia humana y científica que, quizás demasiado tarde, ha cambiado no solo los objetivos de mi trabajo, sino también mi modo de ocuparme de los niños y de sus familias.

La manera de relacionarme, absolutamente humana, que aprendí en el consultorio me ha abierto las puertas de un mundo desconocido y muy agradable: el del placer de ser madre y padre. Desaparecía poco a poco ante mis ojos el inevitable cansancio y lo problemático de ser padres y aparecía cada vez más claro que, en esto, nuestro papel era decisivo y no accidental. Tan decisivo fue, ahora me doy cuenta, mi papel en hacer infelices a tantas mujeres que pasaron por la maternidad del hospital, a las que aprovecho para ofrecer tardías, y espero que no inútiles, disculpas. Por lo tanto, esto era lo que de manera útil podía hacer: ayudar a los padres que llegaban a la consulta a descubrir lo amplia que era y sigue siendo en la ajetreada vida de hoy en día, la posibilidad de disfrutar de los niños en lugar de solo soportarlos, permitirles crecer felices y no limitarse a criarlos, eliminando todo lo inútil y complicado que nosotros, los pediatras, nos hemos empeñado en meterles en la cabeza. Dejar el pecho formaba parte de ello.

EL AUTOR

Para más información:
www.uppa.it
www.who.org
www.aicpam.org

De la Teta
al Plato

PREFACIO

E ste es un libro diferente.
Un libro de pediatría, y de ciencias de la alimentación,
escrito tanto para otros pediatras como para los padres, que
se centra en un momento crucial de la vida del niño, el paso
de alimentarse del pecho a alimentarse «libremente». Un
libro que contiene un mensaje antiguo y al mismo tiempo
nuevo, y que utiliza un lenguaje que no es necesariamente
fácil, pero que realmente está muy lejos del lenguaje técnico y neutro de la información médica, así como del lenguaje
suavizado y un poco pedante de la divulgación.

Este mensaje, en el fondo, es muy simple: dejad hacer,
las cosas se arreglan solas.

Dejad que lo hagan, no lo impongáis, y tal vez no tendréis que proponerle la papilla a vuestro hijo: él elegirá bien,
basta con que lo dejéis elegir. El niño ya ha interiorizado los
gustos de la cocina local (los ha probado a través del líquido

amniótico en el que estaba sumergido durante el embarazo y a través de la leche materna, en la que se han filtrado los aromas de la cocina casera); ya tiene por tanto, en su cabecita, un interruptor para el apetito, que no solo regula la cantidad de calorías necesarias, el momento de ingerirlas y su cantidad global, sino también la elección de los nutrientes particulares, tanto proteínas como azúcares o sales; pero también ese aminoácido determinado o ese tipo de ácidos grasos. Lo importante es no estropear ese interruptor, no forzar esa capacidad de elección natural, no corromperla.

Por consiguiente, intervenid lo menos posible, dejad que el pequeño elija entre lo que encuentra en la mesa, entre lo que coméis vosotros. Pero también entre lo que inevitablemente le propondréis, y que le tendréis que proponer sin insistencia y sin prejuicios, ante todo teniendo cuidado de que «le guste» y que no ingiera más de lo que el sentido común dicte que es lo adecuado.

¿Simple? No. Ni es simple ni es fácil, por el motivo de que ni siquiera nosotros, los médicos y los padres, somos simples. Estamos condicionados por lo que sabemos, por lo que se nos dice, por algunas reglas (escritas en los libros) que son adecuadas, pero a las que, mejor que nosotros, sabe adaptarse el propio niño.

Ni es simple ni es fácil porque no tenemos la suficiente confianza en la sabiduría innata del niño y confiamos más en el libro (que sin embargo nosotros «los mayores» no seguimos cuando vamos a la mesa), ese libro donde el saber se pone en números, rígidos, inflexibles, inadecuados a los «tiempos» (de la vida, del día a día, de los ritmos, de las personas), sin aromas, sin sabores, sin compartir, sin afecto, sin empatía. Pues sí: los números solo son números. Pero nosotros también somos rígidos, estamos preocupados, a menudo nos sentimos limitados y somos inflexibles, pesados y entrometidos. Bueno. Si es así, el mensaje de este libro va más allá de su contenido específico, más allá de la nutrición, más allá del destete. Es un mensaje educativo, tanto para el médico como para los padres: un mensaje de mesura, de no intromisión, de respeto, de confianza, de seguir los dictados de la naturaleza.

Pero al mismo tiempo es un mensaje científico, serio y concreto, que fácilmente se puede llevar a cabo a diario. Su autor es un pediatra que durante muchos años ha estado en las trincheras de la educación médica continua, que en aquel tiempo no eran fáciles; que ha sabido adaptarse a esta educación antes de que se llamase de esta manera; es una persona «con fama de saber» y que ha sabido difundir ese saber, estrechamente unido al rigor de la ciencia, con paciencia, amor y confianza, difundirlo a los padres de sus pacientes, a lo largo de sus muchos años como pediatra y que ahora nos muestra en este libro.

Por lo tanto, lo que ahora se nos muestra aquí ha pasado a través del tamiz de su experiencia ejerciendo la «profesión»: saber, pero también saber hacer y saber enseñar a hacer.

Buena lectura, y enhorabuena por los buenos cambios.

Franco Panizon,
profesor emérito de Pediatría,
Departamento de Ciencias de la
Reproducción y del Desarrollo,
Universidad de Trieste

De la Teta al Plato

INTRODUCCIÓN

*Tarde o temprano, a fuerza de decir
la verdad, esta es descubierta.*

OSCAR WILDE

Un punto de vista

E n un mundo normal, hablar de destete no tendría ningún sentido. Pero, creo que todos estaréis de acuerdo, nuestro mundo actual no es un mundo normal. O mejor dicho, el mundo busca desesperadamente seguir siendo normal, pero nosotros, los seres humanos, hacemos todo lo posible por alterarlo y volverlo inadecuado a lo que son nuestras características, precisamente, normales. Entiendo por normal todo lo que ha evolucionado, siguiendo reglas inalterables, a lo largo de millones de años de existencia de la vida en la Tierra, con un incesante y lentísimo fluir de pruebas, errores y adaptaciones que han permitido a las diferentes formas de vida existir y coexistir de la mejor manera posible. Lo normal es que los peces respiren en el agua y que los seres humanos lo hagan en la tierra, que los pájaros vuelen y que las serpientes repten. ¡Por el amor de Dios!, hoy en día nosotros también vamos por debajo del agua y volamos, pero ¿diríais que la calidad, la eficacia y el placer son los mismos? No, se trata precisamente de algo diferente. Algo, como muchas otras cosas, que imponemos a la normalidad del mundo y que hoy en día empezamos a sospechar que no nos trae solo beneficios. Esto no quiere decir que debamos rechazar lo que viene del progreso científico, sino que, más bien, lo utilicemos correctamente, que busquemos evaluar siempre con la máxima atención no solo las ventajas, sino también los posibles inconvenientes de cada innovación; lo que técnicamente se define como la relación costes/beneficios.

La equivocación del progreso

En el caso del destete, recomendado por los pediatras por lo menos en los países desarrollados desde hace casi un siglo, no se ha hecho nunca esta evaluación. De esta manera, se ha decidido modificar tradiciones milenarias sin tener el cuidado de considerar si eran buenas o malas y se ha inventado un modelo «moderno» de destete sin tampoco asegurarse de saber si era bueno o malo.

En todo esto no había ninguna maldad, en otras palabras, la voluntad de obtener ganancias lícitas difundiendo informaciones ilícitas, por lo menos al principio. Eran los crecientes conocimientos científicos sobre lo que podía influir en la salud lo que empujaba hacia un cambio de papeles. La capacidad adquirida de controlar, al menos en parte, algunas enfermedades infecciosas, los progresos de la cirugía y de la obstetricia, el «milagro» de la radiografía, el progreso tecnológico, todo inducía a confiar en la medicina moderna y a abandonar las viejas prácticas, en todo caso consideradas como provincianas y atrasadas. El problema era que, aunque era verdad que se sabía mucho más y se actuaba en consecuencia a fin de obtener una reducción significativa de la mortalidad a todas las edades, en realidad el factor decisivo de estos resultados no fueron «las curas» más avanzadas, sino simplemente las mejoras de las condiciones de vida en términos de alimentación, de vivienda y, sobre todo, de agua potable y de un sistema eficaz de alcantarillado.

Muchos nos dejamos engañar, y si esto no es comprensible en los profanos, menos lo es en nosotros, los conocidos como profesionales de la salud. Se supone que entre la gente que ha estudiado tantos años y que, precisamente por esto, se apropia de un aura de superioridad, la probabilidad de un cociente intelectual inadecuado será baja. Si las facultades de medicina hacen bien su trabajo, un médico incapaz tendría que ser fruto del fraude. Por lo tanto, hemos sido realmente muchos, diría que la mayoría, los que no nos hemos dado cuenta del error de evaluación que estábamos cometiendo.

Un descuido

Pero ¡seamos buenos! Digamos que hemos estado excesivamente distraídos. Embriagados por el estatus de licenciados en Medicina, hemos hecho de doctores y nos hemos olvidado hacer de médicos. Nos hemos aferrado a la ilusión de haber zarpado hacia quién sabe qué territorio, mientras en cambio, abandonados ciegamente al retroceso, inconscientemente nos hemos estancado en bloque. Por fortuna, en la historia siempre hay alguien que no cae en la trampa y, aunque a menudo pone de su parte para no quedarse por detrás de los demás, antes o después se le reconoce y se le escucha. A fin de cuentas, como ya he indicado, se trataba de mantenerse fiel a los principios del método científico, el que nos enseñan en los colegios de todos los niveles, nada más. Creer solo en lo que se puede demostrar. Hacer solo lo que tiene las suficientes pruebas de eficacia. Y, sin embargo, hizo falta el fuerte y el constante reclamo de los grupos de estudiosos de nivel internacional para volver a ponernos, a duras penas y de uno en uno, sobre el camino correcto que, entre otras cosas, hoy en día sigue sin estar especialmente concurrido. Todavía encontramos, tanto en medicina familiar como a nivel hospitalario, focos de resistencia imputables, a menudo, a insaciables retrasos culturales o a fuertes intereses económicos. Porque hacer buena medicina significa consumir menos en términos de visitas, fármacos, exámenes y hospitalizaciones. Y por lo tanto, menos médicos, menos farmacias, menos laboratorios, menos hospitales y menos votos. Para cambiar una situación tan comprometida como la nuestra hará falta mucho tiempo, porque las decisiones se tendrán que tomar por parte de los dirigentes sanitarios y políticos, es decir, los mismos que con la mala medicina se mantienen, y bien.

¡Hagámoslo con fantasía!

Volviendo a nosotros, me doy cuenta de que el destete es una pequeñez en comparación con la magnitud de los problemas que aún hay que afrontar y que resolver pero, ya que de todas maneras sigue representando uno de tantos problemas y además me ha interesado especialmente y también es un poco mi historia, os hablaré de esta cuestión. La manera os podrá parecer extraña pero, a pesar de que mientras trataba de poner en práctica mis ideas en mi trabajo diario con los padres, todos me decían que daba consejos raros, me pareció oportuno ponerlo por escrito.

Cándida y Tranquilo

Tranquilo: ¿Lo has entendido todo?

Cándida: Perdona, pero ¿dónde estabas? No te traigo al pediatra para que me hagas compañía. También son cosas que te conciernen. El niño también es tuyo, por si alguna vez se te ha olvidado.

T: Pero ¿qué dices? Son asuntos de mujeres. ¡Yo no tengo que darle de comer!

C: Bueno, hasta ahora has tenido suerte, porque lo he amamantado yo, pero las papillas también las puedes preparar tú. Ya has escuchado lo que ha dicho el pediatra; hará falta tiempo, paciencia, ¡para lo cual tendrás que echar una mano!

T: Pero ¿qué te pasa hoy, Cándida? ¿La has tomado conmigo? Me parece que siempre te he echado una mano.

C: Es verdad, estoy nerviosa, lo siento, Tranquilo. Es que no me esperaba tener que dejar de amamantarlo.

T: Pero no nos ha dicho que dejes de darle tu leche, solo sustituir una toma.

C: Sí, pero me da lástima de todas maneras. He escuchado todo tipo de cosas sobre este bendito destete. No es que los niños estén muy felices después de dejar el pecho.

T: Vamos, todos hemos pasado por ahí y nadie se ha muerto.

C: Será verdad, pero ahora tenemos que pasar mi hijo y yo, y esto me pone nerviosa. Pero, además, ¿por qué lo tengo que destetar? Crece muy bien con mi leche y él está muy contento.

T: ¿Qué haces ahora, te pones a contradecir lo que dice el pediatra?

C: ¿Y si lo hiciese? Si no hubiese contradicho lo que decía el pediatra del hospital, en este momento no lo amamantaría. No son infalibles en absoluto. He hecho mucho mejor en hacer caso al niño.

T: Mira, nunca se ha visto a un adulto seguir tomando la leche materna, por lo tanto quiere decir que en cierto momento se deja y adiós teta. ¿Te sirve como explicación?

C: ¡Felicidades! El filósofo se ha dignado. Y entonces, ¿cómo es que aún te interesan las tetas?

T: ¡Pero no son para nada las de mi madre! ¡Qué tontería!

C: Quiere decir que de todas maneras no es algo de tan poca importancia como decís tú y tu amigo el pediatra.

T: ¿Mi amigo el pediatra? Pero si lo has elegido tú sola, conchabándote con tus amigas, después de un mes de discusiones.

C: ¿Qué, tenía que elegir al primero que pasara? ¿No te importa tu hijo?

T: Solo quiero decir que no es mi amigo. Y yo, si voy a ver a un profesional, hago lo que me dice. No lo contradigo como haces tú.

C: Porque vosotros, los hombres, sois insensibles y cínicos. ¿Quién sabe por qué queréis un hijo si después os importa un bledo lo que le pase? Si lo llevarais durante nueve meses y después lo parierais como hacemos nosotras, os comportaríais de una manera diferente.

T: ¡Ojalá fuera así!, así yo también podría tratarte un poco mal.

C: En vez de hacerte el gracioso, ¿por qué no me ayudas? Dime si me equivoco y en qué me equivoco. Pero ¿por qué te pregunto, si no haces más que decirme si lo he entendido todo?

T: Bueno, yo me refería a los detalles, a los aspectos prácticos. El concepto de fondo era simple y claro.

C: ¿Y bien?

T: Te ha explicado, mejor dicho, nos... ha explicado que antes o después la leche materna no es suficiente para el crecimiento de los niños y se integra con bla, bla, bla.

C: ¿Y entonces qué, soy una imbécil que no lo ha entendido? Pero qué quiere decir que ya no es suficiente, ya que aún crece.

T: En realidad ha dicho que este mes ha crecido menos.

C: Querría verlo. Si continuase como en los primeros cuatro meses por poco rueda. Pero ¿no ves que cada vez llora menos, y después de mamar vive como un pachá? Si tuviese hambre, lo entendería, como siempre lo he entendido.

T: Pero él también se refería a la calidad del crecimiento.

C: ¡Y dale! Pero ¿qué no le es suficiente? ¿Cuánto no le es suficiente? ¡Tendré que saberlo! ¡No es él en absoluto el que tiene que darle de comer! Y si, como le ha pasado a nuestra vecina, el niño lo escupe todo, ¿qué pasa? ¿Se deteriora y se muere porque mi leche sola ya no es suficiente? ¿O voy de pediatra en pediatra como ella?

T: Perdona, ¿aún no has empezado y ya te creas problemas? Espera y mira.

C: Pero todos saben que siempre pasa. ¿Por qué, si no, nos habría dicho que hace falta paciencia, probar y volver a probar? Y después, ¿por qué si, como dices tú, todos los niños deben, por las leyes de la naturaleza, dejar el pecho, tiene que haber alguien que decida cuándo? Cuando no existían los pediatras, ¿como lo hacían las madres?

T: Escucha, los médicos han existido siempre, y si no eran médicos, eran brujos, chamanes o lo que fuera. Lo habrán decidido ellos.

C: Y todos los animales que amamantan, ¿cómo lo hacen? ¿Ellos también tienen chamanes? No, no me convence. Quiero informarme mejor.

T: Sí, con tus amigas.

C: ¿Y si fuera así? Se trata siempre de experiencias. ¿Quién mejor para pedir un consejo que alguien que ya ha pasado por esto?

T: Entonces pregúntale a tu madre.

C: Mi madre hizo exactamente como me ha dicho hoy el pediatra, solo hasta los tres meses. Por esto desde hace un mes estoy obsesionada con este estúpido destete. Yo lo hice así, yo lo hice asá. Y, además, ni siquiera me amamantaba. En sus tiempos estaba de moda la leche en polvo. De hecho, esto también me pone de los nervios.

T: ¿Qué? ¿No tomaste la leche de tu madre?

C: ¡No! Ahora te lo aconsejan más tarde, y la receta es exactamente la misma. De hecho, incluso me podía haber ahorrado ir. ¡Me parece todo tan falso y extraño! No, no estoy convencida para nada. Esta tarde haré algunas llamadas. Ahora se acabó. Venga, aún es pronto, vamos a hacer la compra.

De la Teta
al Plato

EL PORQUÉ DE UN PORQUÉ

Muchas preguntas

A Cándida no le ha ido muy bien con el pediatra de su hijo. Esperamos por su bien que no sea así en todas las ocasiones. Presentar el argumento del destete con las tradicionales cautelas unidas a la posible actitud hostil del niño, que todos dan por sentado, sin ni siquiera profundizar un mínimo en los muchos porqués que emergen, no es, por supuesto, una buena manera de empezar.

Cándida se pregunta por qué, después de haber controlado el propio comportamiento sobre las señales de su hijo hasta ese momento, tiene que destetarlo sin un motivo, un motivo que por lo menos le corresponda. Y también se pregunta, tal vez sin darse cuenta del todo, por qué su hijo tiene que aceptar este cambio. Las necesidades nutricionales del niño seguramente son un buen motivo. Se trata de la salud y ninguna madre se echa atrás frente a un riesgo como este. Pero si las cosas están de esta manera, ¿por qué una necesidad tan primaria en el crecimiento de su hijo tiene que programarse y ser algo totalmente impuesto?

No es el mismo caso que cuando se trata de administrarle medicamentos a su hijo para proteger su salud. Es algo diferente: el niño se encuentra mal, y a esa edad no se está seguro de estar en condiciones de entender si tiene una enfermedad importante o si le vendrá mejor un medicamento o no. Tal vez después de alguna experiencia parecida, quién sabe. En cambio, dice Cándida, si tiene hambre lo entiendes —él se hace entender— claramente. Y, ¿es posible que estemos hechos así de mal como para no estar en condiciones de proporcionarnos solos nuestras necesidades vitales básicas? Admitámoslo pero, seguramente, objeta Tranquilo, aún no comprende que todavía le hace falta algo más nutritivo. Por lo que es mejor dejarlo en manos de un experto, como el pediatra. ¿Quién mejor que él, que ha estudiado, puede dar una correcta recomendación?

Sin embargo, la recomendación adecuada ha cambiado continuamente en los últimos treinta años, desde los tres meses que aconsejaba el pediatra de la abuela a los cinco meses del de Cándida. ¿Cuál es el motivo? Por fuerza tienen que haber descubierto elementos nuevos que han inducido a cambiar. Mejor así, solo los tontos permanecen siempre con la misma idea. Pero ¿cuáles son los nuevos conocimientos científicos que han llevado al cambio? Es importante saberlo porque, en familia, la discrepancia entre las experiencias de mamás y abuelas, vividas todas como adecuadas porque las ha recomendado un experto, hace inevitable que se discuta y que nazcan dudas, conflictos y ansias. Entender los mecanismos reales de la necesidad de destetar ayudaría a vivir más tranquilamente el paso. ¡Qué felices nuestras antepasadas, diría Cándida, que lo hacían todo solas, como los animales, sin tantos científicos alrededor, y de lo único de lo que se tenían que preocupar era de encontrar la manera de «dar de comer»!

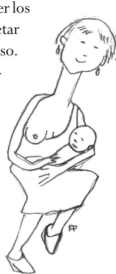

Viva la leche materna

El actual cambio «oficial» en una época de destete posterior con respecto a la segunda mitad del siglo pasado muestra la gran cantidad de conocimientos que se han creado alrededor de la composición de la leche humana y, sobre todo, alrededor de la calidad del crecimiento de los niños amamantados exclusivamente con leche materna. Podemos decir que la conclusión universal es que la alimentación que se considera normal en los niños es solo la que es a base de leche materna. Todo lo demás es un recurso, de buen nivel, de discreta seguridad, con suficientes resultados, pero siempre un recurso, cuyas consecuencias negativas, en términos de salud, se están revelando progresivamente después de que se haya hecho posible el estudio comparativo de grandes grupos de niños, los que han sido amamantados con leche materna y los que no, seguidos hasta la edad adulta. En igualdad de potencial genético, un niño amamantado de manera natural tiene mayores posibilidades de conseguir una mejor salud que uno que no lo fue. Esto no quiere decir que quien no pueda tomar la leche de su propia madre no disfrutará ni de salud ni de éxito, sino solo que tendría a su disposición una mayor probabilidad de éxito si pudiese disfrutarla. Desde el punto de vista nutricional, la leche humana se considera adecuada para cubrir todas las exigencias de un niño normal, por lo menos hasta el séptimo u octavo mes. Normal quiere decir que no ha nacido prematuro, es decir, no antes de las treinta y siete semanas de embarazo, con un peso no inferior a los 2.500 gramos, de un parto sin complicaciones patológicas y que ha tenido y tiene buena salud. Sin embargo, los niños con alguna «anomalía» simplemente necesitan un aporte de vitaminas y minerales que no cambia de ninguna manera la oportunidad de alimentarse con leche materna hasta que les apetezca a ellos y a su madre. Esta certeza ha llevado a la Organización Mundial de la Salud (OMS), al Fondo de las Naciones Unidas para la Infancia (UNICEF) y después a todas las sociedades científicas nacionales e internacionales del ámbito pediátrico nutricional a recomendar para todos los niños una alimentación exclusiva del pecho durante «por lo menos» los primeros seis meses de vida. Un límite inferior al que, como ya he dicho, sería posible llegar y que debería considerarse, por tanto, como un límite de seguridad para proteger a los niños en el límite de la normalidad que, sin embargo, como veremos después, tiene menos importancia de lo que parece.

Por lo tanto, anticipar la introducción de alimentos diferentes a la leche antes de los seis meses es del todo inútil. De hecho, sustituir tomas más o menos abundantes de leche humana por cualquier alimento, por nutritivo que sea, causaría una menor calidad nutricional que únicamente le haría daño al niño. Solo el desconocimiento de los valores nutricionales de la leche humana, es decir, en pocas palabras, solo un ignorante podría aconsejar destetar a un niño amamantado con leche materna porque crece poco.

Si un niño satisfecho con su leche continúa creciendo poco incluso después de ser destetado, empezamos a mordernos las uñas. También se le había dicho a Cándida que su niño había crecido poco el cuarto mes, pero se da el caso de que los niños amamantados de manera natural, después de un crecimiento a menudo desproporcionado en los primeros tres meses, sucesivamente lleguen a disminuir su velocidad de crecimiento incluso en dos tercios. Este error de evaluación es más bien frecuente y nace del hecho de que, para juzgar el crecimiento adecuado de los niños, normalmente hacemos referencia, no siempre correctamente, a las «curvas de crecimiento».

Las curvas

Las curvas se elaboran pesando, para cada grupo de edad desde el nacimiento hasta el final del desarrollo, grupos numerosos de niños, supuestamente con buena salud, desde el más delgado al más grueso. De esta manera se espera poder representar todos los diferentes tipos de crecimiento normal. Puesto que, cuando llevo el peso de un niño al gráfico, en la práctica hago una comparación, las mejores curvas para evaluar a los niños italianos son las que se han construido con datos italianos, o, a lo sumo, europeos. Por supuesto, no podré utilizar las curvas hechas para los niños filipinos o pigmeos o de cualquier otra etnia, que podrían tener características de crecimiento completamente diferentes. Además de esto también se considera el factor tiempo, porque en el último medio siglo se ha visto que los ritmos de crecimiento de los niños han experimentado una aceleración unida a las mejores condiciones de salud, en general, y de nutrición en particular. Por lo tanto, las curvas tienen que ser recientes.

Y por último, para el periodo que nos corresponde, y este es el primer año de vida, se ha visto que también se ha de tener en cuenta la peculiaridad del crecimiento de los niños amamantados con leche materna, que en los primeros seis meses parecería que tienen mucha prisa por crecer, como si tuvieran que meterse dentro cuantos más nutrientes posibles en un cierto tiempo, alcanzado el cual se van de vacaciones y ralentizan el ritmo de crecimiento de una manera llamativa. El objetivo es alcanzar —oportunamente, pues se trata de algo no sin importancia— el óptimo crecimiento del cerebro, que precisamente en los primeros tres o cuatro meses presenta su máximo desarrollo posnatal; por lo tanto, es comprensible el excesivo empeño nutricional.

Así, no podemos evaluar a un niño amamantado con leche materna con curvas hechas con datos de lactantes predominantemente alimentados con biberón; nos arriesgaríamos, como ocurre, a juzgar la rebaja de su crecimiento. Tenemos que utilizar las específicas para ellos, solo desde hace poco a nuestra disposición, y así evitaremos dar consejos equivocados.

La «fórmula»

En cambio, si un niño no crece, y durante las tomas parece insatisfecho, se despega del pecho y se vuelve a enganchar repetidamente lloriqueando para protestar, y se calma solo de manera temporal cambiando de pecho, es posible que la producción de leche materna esté disminuyendo. Esta falta de leche se debe al efecto desestabilizante, sobre los mecanismos de producción, de diversos factores como el cansancio, volver al trabajo, disgustos, ansias, etc., que le quitan a la madre parte de la completa capacidad productiva. Estas crisis de producción son del todo reversibles, especialmente con la ayuda de trabajadores sanitarios —como los obstetras, auxiliares sanitarios y pediatras— o de consejeros profesionales en lactancia materna.

Si las intervenciones de normalización fallan y se vuelve necesario un aporte, es absolutamente más correcto hacerlo con «leche artificial», el fruto de una atenta mezcla de productos de diferente base, leche de vaca, sustancias vegetales, azúcares y minerales, con miras a crear un alimento nuevo, lo más cercano posible a la composición de la leche humana, pero al que de la estructura natural de la leche no le queda nada. La composición final tiene que respetar los rigurosos límites indicados por las autoridades científicas e impuestos por leyes y, solo en este caso, el Ministerio de Salud permite la comercialización bajo el nombre, más correcto, de «fórmulas alimentarias sustitutivas de la leche humana» o solo «fórmulas», como por simpleza las denominaré de ahora en adelante.

Incluso las fórmulas sustitutivas, dadas de manera exclusiva por lo menos hasta los seis meses o como complemento de una lactancia natural insuficiente, garantizan un mejor aporte nutricional que cualquier otra posibilidad. Otra consecuencia del respeto necesario de los límites impuestos por la ley es que todas las fórmulas admitidas en el comercio son absolutamente idénticas bajo cualquier perfil de calidad y de resultado, sea cual sea la diferencia de precio o independientemente de las magníficas peculiaridades publicadas por las empresas fabricantes. De ello se deduce que no me cansaré nunca de repetirlo: la mejor fórmula es la que cuesta menos.

Cándida, en el curso de unos días, ha conseguido reunir una discreta cantidad de informaciones, más o menos lo que he dicho hasta ahora. No es precisamente todo lo que habría querido, pero se ha prometido seguir profundizando.

Mientras tanto...

El paraíso perdido

Tranquilo: Bueno, ¿cómo va, Candi, amor mío?

Cándida: ¡Ya ves cómo va! Y ¡oyes cómo va! ¡De mierda!

T: Bueno, de hecho, eso se le parece un poco.

C: Pero ¿no eras tú el que insistía en probar?

T: Yo no he insistido en absoluto. Solo he dicho que pruebes. Era un aliciente, una demostración de mi comprensión y de mi amor por ti, preparado para soportar escenas amenazadoras como estas con tal de no permitir que te abandones a la desesperación. En cualquier caso, tengo que felicitarte, eres realmente polifacética. Nunca habría imaginado que supieses trabajar tan bien como albañil. Pareces un albañil que extiende el enlucido sobre una grieta, quita el exceso y después, realmente con un poco de desgana, lo vuelve a lanzar sobre la pared.

C: ¡Aaah! Escucha, Tranquilo, estoy que me subo por las paredes. Dentro de poco exploto, y si no quieres morir en la explosión, ¡quítate del medio! Venga amor... aaammm. Prefiero sufrir sola.

T: Por supuesto, ¡no se puede ni bromear!

C: Pero no has visto en qué situación me he metido. Mira qué hijo tienes. Tú estás aquí desde hace media hora y no has hecho nada para ayudarme.

T: Lo he visto, lo he visto todo. Y estoy de acuerdo contigo en que hay un problema. Pero la decisión la has tomado tú.

C: ¿Cómo?

T: No te calientes. Siempre eres muy racional; pues entonces razona. Has empezado diciendo que el destete no te gustaba y que, después, parar de una manera tan brusca a los cinco meses no tenía sentido. Te has informado a diestro y siniestro. Te han dicho de todo y más, tanto que este destete me parece peor que la comisión parlamentaria sobre el servicio secreto. Al final has leído en ese panfleto que has encontrado en el pediatra que ahora los niños no se destetan antes de los seis meses, parecía que te hubiese caído el maná del cielo, que habías resuelto todos tus problemas, ¿y tú qué haces? Como si no hubieses leído nada, te embarcas con la cabeza gacha en esta empresa.

C: Pero lo sabes muy bien que... no, así no, pequeñín. ¡Dios mío, no!

T: Por supuesto que lo sé, pero en cualquier caso, la decisión final la has tomado tú.

C: ¿Qué podía hacer? He intentado resistir... pero mira qué lío... Has oído a mi madre. Me... aaaammmm... ha crucificado. Según ella, y ese estúpido pediatra, ya hace un mes que tendría que haberle dado fruta. Para acostumbrarlo, decían, y hace poco, mirando este lío, me lo ha echado en cara. Y después que en sus tiempos, y que estas teorías nuevas, y que yo crecí igualmente bien.

T: Efectivamente, no me puedo quejar, estás muy bien hecha.

C: ¿Ah, sí? ¿Estoy muy bien hecha? Entonces échame una mano; si no, ¡olvídate de lo bien hecha que estoy!

T: ¡Eso es! ¿¡Tendría que convencer a tu madre!? ¿Y a la vecina quién la convence? ¿Y a tu amiga del alma, que tiene por lo menos tres pediatras, tribunal ordinario, tribunal de segunda instancia y casación? No, amor, esta no es la manera. ¿Sabes? Cuando te he visto así en el pediatra...

C: ¡Nooooo! ¡Con las manos no! Pero mira... todo por el suelo.

T: Espera, que cojo el paño... ¡Pero espérate un momento!

C: Me espero pero para toda la vida a este paso. Sí, que no puedo más. Me tengo que calmar un poco, absolutamente; si no, no respondo de mí misma.

T: Eso muy bien, sácalo fuera y escúchame. El otro día, en el pediatra, aparte de lo que te dije, que si se pregunta la opinión a un médico no tiene sentido ignorarlo, cuando te vi objetar, discutir, tratar de comprobar todo lo que nos había dicho, bueno, me sentí muy orgulloso de mi mujercita. Como cuando en el hospital, aunque nunca te lo he confesado, porque siempre he tenido miedo de que te equivocases, te impusiste para amamantar al niño. «¡Pero mira qué garra, qué fuerza, qué madre!», pensé.

C: Maldito canalla...

T: ¡Espera! Déjame terminar. En resumen, si has tenido la fuerza para hacer todo esto, eso quiere decir que tienes los recursos para salir tú sola, o sea, no tú sola, yo te apoyo, faltaría más, pero tienes que hacerlo tú; si no, vuelves a caer como de la nada en el primer chisme de cotorras. Bueno, eso es todo, y ahora no me riñas.

C: Pero ¿icómo te riño!? Ven aquí, tonto. ¡Dame un beso!

T: No me digas que he acertado una. ¡Ah! Incluso la lagrimita, entonces he estado muy bien.

C: Que no se te suban los humos a la cabeza. Has admitido que es la primera vez que te ocurre. De todas maneras tienes razón. ¿Por qué me tengo que arruinar la vida...?

T: Tenemos, gracias.

C: ¡Correcto! ¿Por qué tenemos que arruinarnos la vida solo para no escuchar los chismes de la gente y de mi madre? Ella hizo lo que consideraba mejor para mí y yo, nosotros, haremos lo que consideremos mejor para nuestro hijo. Los padres somos nosotros, y la responsabilidad es nuestra, para bien y para mal. Por lo que...

T: ¿Por lo qué?

C: Quietos todos y vuelta a empezar. No se hable más y, si tienen que ser seis meses, ¡qué sean seis meses!

CUÁNDO

Las cornejas

Para ser sinceros, la escena a la que hemos asistido no es en absoluto la norma. Tiene en cada caso, antes o después, un final, y no todas las madres se dan por vencidas enseguida como Cándida. Pero ella, como hemos visto, se ha metido en un camino propio, inusual y aún por descubrir. Lo que en cambio es la norma es el cansancio físico y mental que todas las madres experimentan, independientemente de alcanzar el objetivo, en el cumplimiento del trabajo que se les ha encomendado. ¿Por qué, de otra manera, tantas puntualizaciones, por parte de los pediatras y de los psicólogos, sobre el destete como trauma psicológico causado por abandonar el pecho o succionar el biberón? Precisamente por eso se recomienda mucha cautela y paciencia, y los padres, acertadamente preocupados por la integridad psicofísica de su hijo, se dejan aconsejar, ante tanto problema, por un especialista en pediatría.

Como hemos visto, hasta hoy, no todos los pediatras confían en las novedades científicas, ni siquiera si se trata de recomendaciones de agencias internacionales acreditadas como la OMS y UNICEF, y siguen confiando en las prácticas aprendidas de viejos colegas, elogiados profesores, libros antiguos o incluso de la fantasía; por algo la medicina es un arte. Esto ha generado y genera en los comportamientos prescriptivos una variabilidad extrema que no tiene ninguna justificación, al estar ya disponible, desde hace muchos años y para todos, la posibilidad de informarse a altos niveles, por no hablar del deber profesional de hacerlo.

Esta algarabía de indicaciones irracionales ha creado generaciones de madres mal informadas que, cuando se han convertido en abuelas, no han podido hacer otra cosa que transmitir, debidamente y con la mejor buena voluntad, su experiencia a hijas y a nueras. Añadid a esto el coro de miembros del Gran Consejo de los Gafes y entenderéis por qué Cándida no ha podido hacer lo que se había racional y afectivamente fijado. ¿Quiénes son los gafes? Víctimas, al igual que las abuelas, de la confusión de los pediatras, receptoras de mala información quienes, a pesar de haber vivido pésimas experiencias de destete con sus propios hijos, siempre con la mejor buena voluntad, vuelcan su mal saber sobre la desorientada madre. Es como las desafortunadas mujeres, a su vez víctimas pasadas de un sistema de protección de la maternidad absolutamente imperfecto que, cuando encuentran a una amiga embarazada, primero la felicitan y después la animan con la profecía: «¡Disfruta ahora, que después se acabó!». En resumen, noches de insomnio, niños gritando, preocupaciones que no acaban, solo porque esa ha sido su desgraciada experiencia. Vale la pena preguntarse si tal vez han cometido, o mejor dicho, les han hecho cometer algún error. Si esta fuese la normalidad, en el pasado pocos neonatos habrían sobrevivido a la desesperación de los padres, y adiós humanidad.

Las razones de la duda

De la misma manera, para los pequeños y grandes problemas vinculados al destete y, como nos cuentan, esenciales y poco evitables, nos hemos preguntado si de un análisis radical de sus fundamentos pudiesen surgir las posibles soluciones. También porque nos preocupaba la inexactitud de que un paso evolutivo tan importante para la salud del niño, y por lo tanto para la supervivencia de toda la especie, estuviese en manos de los potenciales caprichos de algún adulto inconsciente. Cándida experimentó en sus propias carnes que la indicación que le hicieron no tenía validez por el simple hecho de que el intento falló, pero no sabía bien por qué, y aún desconocía cómo iría cuando volviese a probar a los seis meses, la edad recomendada. Se atormentaba mucho por el hecho de que el niño se mostrase absolutamente incapaz de tomar la comida que se le ofrecía. Por otra parte, además de ensuciarse y ensuciar por todas partes, no mostraba ningún interés por la comida como tal; tanto es así que al final lo interpretó como un juego, que obviamente pondría hecho una fiera a cualquiera. Cándida aún no sabía que todas sus consideraciones correspondían exactamente a la verdad.

Salida sin reflejos

Por regla general, aproximadamente hasta los seis meses de edad, los niños no son capaces de tomar correctamente alimentos diferentes a la leche como nosotros pretenderíamos. La razón está en el hecho de que los mecanismos de aceptación de la leche mediante la succión, son –solo si pensáis un poco os daréis cuenta enseguida– completamente diferentes a los necesarios para la aceptación de alimentos semisólidos o sólidos con una cuchara. En primer lugar, tienen que desaparecer algunos movimientos reflejos típicos de los niños en los primeros meses de vida, es decir, contracciones y acciones de músculos involuntarias, no controladas, consecuencia de un estímulo. Como lo que sucede cuando, con un martillo percutor, golpeamos el tendón de la rodilla que está justo debajo de la rótula: la contracción refleja de los músculos del muslo que están unidos a ese tendón hace que se levante la pierna.

El primero de esos reflejos que se tiene que ir es el que le impide al bebé abrir la boca si se tocan los labios. Cuando se amamanta, o es el niño el que abre la boca de manera espontánea o bien se restriega el pezón sobre la mejilla y el niño –esto también es un reflejo– se gira hacia él con la boca abierta. Si se ofrece el pecho forzando el pezón entre los labios, el niño saca la lengua y lo escupe. Hará lo mismo con cualquier objeto, incluida la cuchara, hasta el momento debido en el que el reflejo desaparece. En el pasado, para superar este obstáculo, se intentaba introducir en lo profundo de la boca de los niños la cucharita, limpiándola después sobre el labio superior y sobre el paladar. Este truco también engañaba a otro reflejo, que hasta cierta edad, provoca el vómito

—reacción útil para prevenir la inhalación de cuerpos extraños— si se estimula la mitad posterior de la lengua. No es raro que más de un niño, destetado demasiado pronto, corriera riesgo de ahogarse con las primeras papillas, de ahí la debida cautela. Después nada más, solo hay que esperar.

En segundo lugar, el niño se tiene que liberar de la tendencia, siempre refleja, de morder repetida y compulsivamente todo lo que se pone en la boca. En nuestro caso haría movimientos repetidos de simple apertura y cierre de la boca sobre la cucharita llena de papilla, con el resultado obvio, como observaba Cándida, de enviar un poco hacia atrás, en la garganta, y un poco hacia delante, fuera de la boca, obligando a la madre a trabajar como un albañil para evitar pérdidas. Pero hay más.

Durante la succión, la lengua, coordinándose con la mandíbula, se mueve en sentido antero-posterior, lo que permite extraer la leche del pecho que, durante la toma, llena completamente la boca del niño. Este complejo mecanismo hace que la leche no se acumule en la boca ni en la parte posterior de la lengua —en la zona de unión entre el paladar duro y el blando— con el inicio automático del reflejo de deglución, sino que hace que pase directamente al esófago. Cuando la comida se ofrece con la cucharita, se deposita, en cambio, en la parte anterior de la lengua o a la mitad, y desde ahí se tiene que transportar posteriormente hasta el punto en el que se provoca la deglución. Sin embargo, al tratarse de alimentos que ya no son líquidos, estos tienen que estar bien amasados con la saliva y masticados lo mejor posible, primero con las encías puntiagudas y después con los molares, para poder llevarlos sin riesgos y en condiciones idóneas para la digestión, hasta el esófago. El movimiento reflejo antero-posterior de la lengua sería un estorbo, y es solo con la aparición de toda una complicada serie de movimientos, esta vez voluntarios, en sentido lateral, de lengua, mejilla y mandíbula, cuando el proceso se perfecciona hasta completarse aproximadamente a los doce meses. Esta habilidad también aparece a su debido tiempo, y no es para menos. Intentad hacer una atenta observación sobre vosotros mismos y descubriréis lo elaborado que es todo el proceso y lo preciso que tiene que ser para evitar tanto morder la lengua en lugar de la comida como enviar los alimentos, una vez han llegado a la rampa de lanzamiento, hacia un centro erróneo, es decir, a la tráquea en lugar de al esófago.

La variabilidad biológica

Será una casualidad, pero toda esta serie de competencias motoras del niño empieza a aparecer después de los cuatro meses, y se completa y se perfecciona alrededor de los seis meses. El «alrededor» es obligatorio, tanto para la época de destete como para todo lo que corresponde, en general, a nuestro organismo. El motivo es simplemente que todos los seres vivos, y los humanos no son una excepción, a pesar de que obedecen a las mismas leyes biológicas específicas, presentan diferencias que hacen de cada uno un individuo único e irrepetible. Así que para el destete, el tiempo de madurez de las habilidades necesarias, de las que por ahora solo he descrito las motoras, no es idéntico para todos los niños, a pesar de situarse alrededor de una cierta edad previsible, que es, repito, los seis meses de vida. Por este motivo es bastante común encontrar niños que se muestran maduros una o dos semanas antes o después de los seis meses —más raramente va más allá de estos límites, aunque un retraso hasta los siete u ocho meses no es excepcional—. Es posible, tomáoslo sin embargo como una especulación, que estos niños no tengan una necesidad real de complementar su alimentación láctea antes de esa fecha, y por lo tanto, una vez más, fiarse del niño resultaría ser la mejor elección.

Al querer forzar los tiempos a cualquier precio, las dificultades que se encontrarían a la hora de administrar alimentos sólidos son tantas como para fomentar en los niños la aparición de patologías reales del comportamiento alimentario y en el conjunto de la familia serios problemas de relación. En pocas palabras, todos se vuelven antipáticos a todos. Pero sobre esto volveré más adelante.

Un caso específico es el de los niños que han nacido prematuros, en los que la velocidad del desarrollo neurológico solo se ve afectada modestamente por la experiencia. Si un niño ha nacido dos meses antes de tiempo, la edad de seis meses todavía será aproximada, por lo que su comportamiento será como el de un niño de cuatro. No hay ningún problema en esperar a que muestre espontáneamente que está preparado. Las eventuales carencias nutricionales unidas a su nacimiento anticipado podrán corregirse como comúnmente se hace,

con aportaciones oportunas, sin poner en peligro su salud obligándolo a ello.

En resumen, todo se desenvuelve como si alguien hubiera dispuesto las cosas de manera que, cuando aparezca la necesidad de suplementar la leche materna, el niño esté lo suficientemente maduro para asumir, fácilmente y sin riesgos, alimentos diferentes a la leche. Milagrosamente, lo que antes para el niño era de una dificultad insuperable ahora le resulta sencillo y sin riesgos. La cucharita, el odiado objeto de hace uno o dos meses, ahora se desliza en la boca sin obstáculos y sin traumas. Sale perfectamente limpia, y limpio, o casi, está el niño. Toda la inutilidad del así llamado entrenamiento precoz con la cucharita con la fruta ahora ya está clara. Además, introducir también solo fruta no es en absoluto inocuo, puesto que es asimilable a un destete impropio, porque, al sustituir a una parte de leche, sustrae una cuota de nutrición de calidad más elevada.

Estoy seguro de que Cándida, ahora ya sobre la pista de las fuentes seguras de información, antes o después será consciente de lo que he explicado y se tranquilizará. Aunque, para cuando se las arregle para escapar de las nefastas influencias extrafamiliares, su sensibilidad de madre la habrá puesto, sin embargo, en condiciones de reconocer las habilidades de su hijo. Por ahora está lo suficientemente serena con respecto al hecho de que esperar no traerá riesgos nutricionales para el bebé y espera confiada al fatídico término, esperando que el respeto de los tiempos fisiológicos sea suficiente para evitar los problemas que ha encontrado en el primer intento.

Ya veremos...

La receta

Doctor: Siéntese, señora Cándida. ¿Cómo va?

Cándida: Bien, doctor, gracias. Aunque... en resumen... podría ir mejor.

D: ¿En qué sentido? Aquí veo que ha llamado por el destete. Pero ¿no habíamos hablado ya la última vez? Aquí está en el historial... aconsejado destete, primera papilla, segunda dentro de un mes, etcétera, etcétera. Entonces dígame, ¿qué es lo que no va bien?

C: No es que no vaya bien. Es decir, la primera vez, en realidad hace falta que se lo diga, no fue bien para nada. Será que soy inexperta, que tengo un hijo particular, pero no hemos conseguido que coma. Usted también nos había aconsejado tener paciencia, no insistir, y nosotros no hemos insistido.

D: ¿Cómo, no habéis insistido?

C: Será que hemos renunciado.

D: ¿Cómo que renunciado? Ese día, ¿y el siguiente?

C: No, no, ya no volvimos a probar. Hemos esperado a que tuviese seis meses, sabe, había oído decir que era mejor, no quería molestarle demasiado, y después volvimos a probar.

D: ¡Ah, bien! Pero cuando decía paciencia no me refería en absoluto a un abandono total. ¡Por el amor de Dios!, la madre es usted y yo solo puedo darle consejos. Está fuera de mí forzarla a hacer lo que no quiere, pero no le digo una cosa u otra para mi interés. Es más, para serle sincero, mi paciente es el niño, y es a él al que tengo que proteger. Usted me pregunta, yo le respondo. Después, si no quiere hacer lo que le aconsejo, obviamente, tiene todo el derecho. Sin embargo, la responsabilidad es suya.

C: Pero, doctor, no es que no quiera hacer lo que me dice. Nosotros lo hemos probado y no lo hemos conseguido.

D: Sí, pero podía llamar. Alguna cosa habríamos hecho. Pero si usted ha preferido fiarse de los demás...

C: ¡Qué va!, si he venido es porque me fío de usted. Y después qué otros, las amigas, mi madre, mi suegra... Una piensa que lo hace bien. Sabe, después del lío que habíamos armado con la primera papilla nos desmoralizamos, era un desastre y, sin embargo, ahora también lo hemos hecho todo según sus indicaciones.

D: ¿Qué quiere decir según mis indicaciones?

C: Bien, hemos seguido con pelos y señales su prescripción. Aquí está, mire.

D: Sí, sí, la conozco. Aunque ya sería hora de cambiar alguna cosa. De todas maneras, cuénteme lo que ha pasado, ¡venga!

C: Le decía que la primera vez fue mal, que no quería..., es decir, no es que no quisiera, pero lo escupía todo por todas partes, como si no fuese capaz...

D: ¿Y qué pensaba, que comería con cuchillo y tenedor?

C: Usted tiene razón, doctor. Pero nosotros no nos lo esperábamos. Ya nos había avisado que podía hacer falta tiempo, pero... bien, en resumen, ahora, es decir, a los seis meses, ha ido mucho mejor. Abría bien la boca, ya no escupía, muy bueno, como un niño grande.

D: ¡Y me lo creo, dentro de poco ya va en bicicleta!

C: Usted bromea, doctor, pero nosotros estábamos en el séptimo cielo por que todo se hubiese arreglado. Es verdad, no se terminaba el plato, pero, usted había dicho que hacía falta tiempo y así que nos contentábamos.

D: ¿Y el problema?

C: El problema, después de ni siquiera una semana, ha vuelto a empezar. No es que hiciese como antes, como la primera vez. Él, en la práctica, empieza bien con alguna cucharadita, después se distrae y ya no quiere saber más. Y si insistimos, entonces sí que vuelve a empezar el jaleo. Ahora ya son diez días los que llevamos de esta manera. Por eso es por lo que me he decidido a llamarle.

D: Por lo tanto, ¿hace prácticamente diez días que se salta la comida?

C: La papilla por supuesto que se la salta, pero no lo dejo en ayunas en absoluto. Después lo engancho al pecho y se hace su toma a gusto.

D: ¡Pero si hace eso, por fuerza no come, de todas maneras después tiene su leche! En la prescripción, que usted dice haber seguido tanto, se habla de eliminar la toma del mediodía, pero si no lo hace, qué pretende que coma.

C: Pero los primeros días la toma la habíamos saltado.

D: Y, de hecho, comía.

C: Pero el pecho se lo he vuelto a dar solo después de que empezara a rechazar la papilla, no antes.

D: Sea como sea, no tiene que darle leche; de lo contrario no salimos, y hay que tener paciencia.

C: Doctor, ¿no será que ya se ha cansado del sabor de la papilla?

D: Señora, hace treinta años que prescribo esta dieta y ningún niño se ha cansado nunca. Sí, sucede que a niños como el suyo cuesta dirigirlos pero, como no me cansaré nunca de repetir, hace falta tener paciencia y todo se resuelve. Los niños son así, sufren el destete como un trauma psicológico, después se vuelven caprichosos y así sucesivamente, ya se sabe. Si todo fuese tan sencillo, no estaría aquí desde la mañana hasta la noche.

C: Sabe, se lo decía, doctor, porque una noche durante la cena lo tenía en las rodillas, por casualidad agarró del plato un trocito de pasta con tomate y ¡mira cómo le gustó!

D: ¡Señora, no bromeemos! Una cosa es que le pueda haber gustado, algo de lo que no dudo, pero otra cosa es que se lo pueda comer sin riesgos. ¿Me explica, entonces, por qué motivo tendríamos que perder tiempo en elaborar dietas específicas para los niños? ¡Hay toda una ciencia detrás, qué se cree!

C: Pero no es que se lo quisiera dar. ¡Lo ha hecho todo solo! Él, ¿comprende?

D: Pues se lo impide. ¿O piensa que puede entender lo que hace? Escúcheme, siga atentamente la prescripción que le daré. ¿Dónde... dónde? ¡Ah! Aquí está. Esta es más adecuada para la edad actual. Obsérvela y mire si hay algo que no entiende.

C: Es más o menos como la otra.

D: No pretenderá en absoluto que vayamos corriendo. Hay que ser precisos y no hacer nada al azar. Una cosa a la vez y con calma. Si mira bien, verá que al caldo también le puede añadir otra verdura además de la patata y de la zanahoria.

C: ¿Qué verdura, doctor?

D: ¡Hágalo usted! ¿Sabrá hacer un caldo de verduras?

C: Bien, sí, pero sabe, para el niño...

D: Basta con que no añada sal, por favor.

C: Ah, escuche, doctor. ¿Puedo poner un poco de parmesano? Sabe un poquito más sabroso, le gustaría más.

D: Sí, sí. El parmesano también se lo dábamos una vez a los niños prematuros. Y puede alternar también la crema de cinco cereales con la de arroz. En resumen, está todo impreso aquí. Pero ahora hágalo de esta manera y avíseme si hay problemas.

C: Espero que se lo coma.

D: No me refería a eso. Me refería a posibles reacciones alérgicas a los nuevos alimentos.

C: Y ¿por qué?

D: ¿Cómo que por qué? Porque sí. Porque puede ocurrir. ¿Si no por qué le damos uno cada vez? ¿No sabe que existen alergias? Venga, esté tranquila. Y ya no le dé más su leche a mediodía. Después, resuelta la primera papilla, pasaremos enseguida a la segunda, por la noche. Obviamente, sin su leche, si no volvemos al principio. ¿Vale?

C: Vale, le haré saber. Hasta pronto, doctor.

D: Hasta pronto, señora. ¡Y no se preocupe!

ACONTECIMIENTOS

Malas compañías

Pues bien, sí, lo confieso. Ese pediatra es mi fotografía de hace treinta años. Un poco pedante y un poco ignorante, un poco paternalista y un poco malo. Era el modelo de médico predominante que salía de las universidades y que actualmente es cada vez más raro, por lo menos eso creo y espero. Afortunadamente, se puede cambiar. Hace falta tiempo pero se consigue. Sobre todo si el destino nos quiere y nos ofrece la ocasión de encontrar y de reconocer a las personas adecuadas, como me ha ocurrido a mí. Quien no ha podido disfrutar de mi suerte podría reconocerse como en una caricatura. Valga decir que siempre podemos achacarle la culpa a otra persona.

Pero ¿en qué se ha equivocado tanto el pediatra del hijo de Cándida? Si miramos las costumbres de destete más extendidas, en nada en absoluto. Se hallan tan difundidas que, como ha observado muchas veces Cándida, todos saben lo que se tiene que hacer. Su madre lo hacía todo exactamente de la misma manera que se le ha aconsejado a ella. También puede ser que las prescripciones impresas que le ha dado el pediatra sigan siendo las mismas. Apostaría a que el contenido es idéntico y que solo cambia el logo publicitario de la empresa que se las ha ofrecido. Y esto ocurre porque, no nos olvidemos, ya que existe un gran mercado de fórmulas (las viejas leches artificiales), hay otro rico mercado de alimentos para la infancia.

El mercado

Las empresas productoras de fórmulas elaboran productos de alta calidad que, en caso de necesidad, se muestran determinantes e insustituibles en la protección de la salud de los niños, sobre todo si se comparan con la leche animal natural (vaca, cabra, burra). El problema es que muy a menudo, como habréis leído en el periódico, se ha descubierto que tales empresas, para promover las ventas, corrompen al personal de los hospitales y a los pediatras de familia ofreciéndoles, en el mejor de los casos, equipos de diagnóstico y terapéuticos, libros y congresos de actualización; en el peor, vacaciones, joyas y dinero contante y sonante.

Normalmente, la técnica operativa consiste en no aplicar o, peor aún, sortear todas las recomendaciones internacionales de promoción de la leche natural, en convencer a las madres de que la dejen a la primera dificultad, atribuyéndole a la leche materna la responsabilidad de patologías alérgicas y pseudoalérgicas del niño. Ocurre exactamente lo mismo para promover las ventas de alimentos especiales para la infancia a partir de los cuatro meses de edad. Este límite está impuesto por ley, en el ámbito de los mensajes nacionales para promover la lactancia natural, por lo que hasta esa edad se os dejará en paz. Pero a su término esperad la llegada del cartero con generosas ofertas gratuitas de sobres, bolsas, maletitas (como las que ya habréis recibido en la admisión del hospital), abundantes cremas, pasta para sopa, homogeneizados y liofilizados, además de manuales de apuntes pediátricos a fin de educaros para gastar tanto como sea posible en una alimentación de la mejor calidad para vuestro hijo. ¿Cómo no estar agradecidos ante tantos cuidados? Perfectamente de acuerdo, si os sirvieran. No obstante, ahora ya sabemos que no sirven, porque hasta los seis meses es más que suficiente la leche materna o la fórmula. Pero admitamos que no haya malicia, que se trate solo de competencia pura y simple entre las diferentes empresas, para ver cuál es la que primero llega a tu casa a la espera del momento adecuado para el destete. Entonces la pregunta es: el niño, a los seis meses, ¿realmente necesita estos productos extraordinarios? ¿El pediatra ha hecho bien en regañar a Cándida por esa degustación casual de pasta? ¿De verdad ha envenenado a su hijo esa pobre mujer?

Alimentos especiales

Para empezar, cualquiera que lea en las etiquetas los ingredientes con los que se elaboran los alimentos especiales para niños encuentra listas de harinas de cereales del todo idénticas a las que se utilizan para hacer la pasta, los panes y las galletas; carnes de diferentes animales de la misma procedencia, terrestres me refiero, que las que compramos en nuestra carnicería de confianza, y las verduras, frutas y grasas animales y vegetales que diariamente empleamos en nuestros platos. Entonces, ¿cuál es la diferencia? ¿Qué son higiénicamente seguros? ¡Y faltaría más que no lo fueran! Incluso lo que compramos en las tiendas es higiénicamente seguro; de otra manera no estaría a la venta. Y una vez llevados a casa, pelados, lavados y cocinados a temperaturas necesariamente elevadas, acaban por esterilizarse y, al consumirse en el momento, no tienen tiempo para contaminarse. Si queremos ser meticulosos, es el alimento ya preparado el que, si hubiera estado contaminado en su origen, aumentaría notablemente su contenido de microbios y, por lo tanto, el riesgo de una intoxicación o infección alimentaria. Es obvio que se tengan que respetar los criterios higiénicos normales pero esto vale para cualquier alimento, preparado o no, que manipulemos y, como dice la propia palabra, el criterio más importante es lavarse las manos.

¿Será entonces que el excepcional tratamiento industrial de homogeneización o liofilización los hace particularmente digeribles para el delicado intestino de nuestros pequeños? De hecho, dudo que una madre le ofrezca un muslo de pollo entero a su hijo lactante. Una madre normal, por simple sentido común, ofrecería la carne a trocitos, picada o deshilachada; la pasta y el pan, a trocitos o triturados, y las legumbres y verduras, en puré. En resumen, los pretrataría de manera que lleguen a la boca del niño como si ya estuvieran masticados, porque sabe bien, a pesar de que las multinacionales de las papillas evidentemente la imaginan imprudente e ignorante, que hasta que el niño no tenga los dientes molares, no podrá triturar adecuadamente la comida sólida. Pues bien, este sustituto de masticación es suficiente para que un lactante en edad de destete consiga digerir bien la comida..., ¿asimilando todo lo que hay que asimilar para su buen crecimiento? Si el destete se hace en la época correcta, es decir, aproximadamente a los seis meses, de lo que ya hemos hablado, la respuesta es un claro sí. A esa edad los niños tienen un aparato gastrointestinal en absolutas condiciones de digerir todos los alimentos que ingiere un adulto, del tamaño del «masticado» del adulto, con tal de que, y esto vale para todos, estén preparados correctamente. Esto no quiere decir poco apetitosos, sin aliñar, demasiado simples, sino solo respetando las reglas de la buena cocina regional, sea cual sea la región.

Un experimento injustificado

Estos pobres alimentos especiales, tan maltratados, no son después tan esencialmente malos. Son los hijos probeta de la política destructora de anticipar la época de destete y, como tales, tenían un sentido. Al forzar en la dieta la introducción de alimentos sólidos a los tres meses, edad a la que el intestino aún es inmaduro, ya sea bajo el perfil de las capacidades digestivas o bajo el de la susceptibilidad de las alergias, prácticamente se ponía en peligro la integridad física del niño. Esta posibilidad era, ya entonces, tan clara para todos que se consideraba indispensable no utilizar los alimentos de todos los días, sino los preparados específicos que garantizaran un resultado nutricional aceptable con el menor riesgo de trastornos intestinales. De aquí la invención de los homogeneizados primero y de los liofilizados después, de las harinas predigeridas y de las galletas en gránulos, hasta llegar al aceite de oliva y al agua de los niños grandes. Sin embargo, lo que prevalecía, menos que la tecnología, era el temor de causar daño; por ello se aconsejaba introducir un alimento a la vez, observar atentamente las eventuales reacciones alérgicas sospechosas y monitorear la evolución de la digestión con un control obsesivo del peso y de las características de las heces.

En la práctica, se sabía que se hacía mal, pero se hacía de todas maneras, aunque con gran cautela y profesionalidad. El aspecto más absurdo de toda la historia es que nadie, antes de hacer estallar esta verdadera revolución, había pensado mínimamente en hacer un experimento apropiado para demostrar primero la inocuidad y posteriormente las ventajas de un cambio tan radical y social.

La gestión del paso de la alimentación exclusivamente a base de leche materna, o con fórmula, a una mixta con alimentos sólidos pasaba, de hecho, de la familia, como fue durante siglos, al médico. De una tradición cultural de saberes simples, fundados sobre la experiencia y transmitidos de madres a hijas, se volvía un hecho tan técnico que realmente ya no se podía, incluso queriendo, dejarlo en manos de personas ignorantes en la materia. Arrastrados por el viento de la modernidad, todos, pueblo ignorante y élite médica, se han dejado llevar de la mano, sin la menor reacción, hacia un territorio desconocido, cegados por la supuesta aureola de cientificidad del nuevo modelo, sin imaginar que detrás no había hechos en absoluto, sino solo palabras, palabras y palabras.

El despertar

Con el paso de las décadas, al igual que la bella durmiente en su castillo oculto por las zarzas, el destete familiar se ha olvidado y aún espera a su príncipe. Se podría haber esperado que, con el lento pero inexorable retorno de la lactancia natural, en la frecuencia y en la duración de su exclusividad en la dieta, también se habría comprobado una reapropiación de competencias para el destete. En cambio, los mismos alimentos y esquemas prudenciales, que se habían pensado expresamente para niños muy pequeños e inmaduros, se han arrastrado ciegamente a lo largo de la pendiente de los cuatro, después de los cinco y por último de los seis meses, sin tener en cuenta en absoluto que el niño que se quería destetar, al madurar, se volvía progresivamente cada vez menos necesitado. Para ser imparciales, podemos concluir que los óptimos alimentos y las correctas modalidades de su introducción, que estaban justificados y eran necesarios para destetar, sin siquiera una razón válida, a un niño de tres meses ya no lo son para uno de seis. Tiempo y dinero tirados a la basura. Y con algún peligro, ya que si su uso se mantiene durante demasiado tiempo, después habrá serias dificultades para hacer que los niños, ya un poco más grandes, acepten los alimentos que hay que masticar.

En este punto, con una cierta dosis de incredulidad, llega la pregunta: «Pero ¿todo?». La respuesta es que sí. «Pero ¿todo todo?». Sí, todo todo. Esta certeza la hemos adquirido de la única manera que hoy es admisible: buscando experiencias concretas, conducidas por investigadores fiables, sin conflictos de interés y publicadas en revistas científicas serias. Ya no confiamos, como hemos hecho superficialmente en el pasado, en simples declaraciones de personajes más o menos acreditados o en la experiencia de colegas más ancianos que, solo por tener la «barba blanca», tendría que ser verdadera. Y no es porque se les quiera atribuir necesariamente una malicia de fondo, sino precisamente porque el criterio con el que hoy en medicina se toman las decisiones ha cambiado de manera radical.

Qué medicina

Para ser precisos, no es que hayan cambiado los criterios. La medicina, la verdadera, siempre ha tratado de trabajar sobre bases sólidas, es decir, sobre los resultados de la búsqueda científica y no sobre las opiniones o las especulaciones de algún gran hombre, útiles para producir hipótesis de trabajo pero ni mucho menos para curar a la gente. El hecho es que el entusiasmo generado por el progreso científico, un poco en todos los campos, ha inducido a los médicos y a las personas comunes a pensar que pueden curar y prevenir cualquier dolencia. El resultado ha sido una proliferación espantosa de prácticas, terapias, análisis y exámenes instrumentales de utilidad e inocuidad incierta, y de un coste global tan disparatado como para arriesgarse a paralizar cualquier sistema sanitario.

Como reacción a tal estado de cosas, se ha difundido progresivamente en el mundo científico una actitud más rigurosamente crítica en las comparaciones de las prácticas comunes, que tenía como objetivo la selección de lo bueno y de lo malo, de lo útil y de lo superfluo, de lo asequible y de lo caro. Por lo tanto, digamos que, utilizando métodos de comprobación innovadores, los viejos criterios de juicio se han afinado y reforzado, y las conclusiones obtenidas nos han dado certeza, siempre en los límites de los niveles de conocimiento actuales. Esta operación, de alcance internacional, ha tenido como calurosa consecuencia el reconocimiento de que gran parte, para ser benévolos por lo menos la mitad, de todo lo que se hacía en el ámbito médico cra o inútil o perjudicial, y merecía ser eliminado o modificado.

La reacción a la gradual acumulación de tantas pruebas contra modos de actuar consolidados, no ha sido, como se habría podido esperar, particularmente violenta. El sistema ha absorbido bien el golpe, casi como una pared de goma, y los cambios esperados, sobre todo en la asistencia de base, tanto a nivel de ambulatorios como de hospitales, o se han eludido o son extremadamente lentos. Los motivos de esta decepcionante respuesta del sistema son los que ya se han señalado muchas veces: pereza mental, intereses económicos y escasa información de los principales interesados, es decir, de vosotros. Sin embargo, el que ha recogido el mensaje no ha tenido, os puedo asegurar, una vida fácil, porque tiene que superar un doble obstáculo: una inocente visión confusa de la salud, arraigada en la mayoría de la población, y la oposición, a menudo molesta, de los compañeros. Cuando le va bien, dicen que es raro. Cuando le va mal, él corre todos los riesgos.

Por ende, ¿quién preferirá la verdadera sabiduría, que cuesta tanto trabajo adquirir, que vuelve luego más vergonzoso y más tímido y que, en suma, complace a mucha menos gente?

ERASMO DE ROTTERDAM,
Elogio de la locura

Prácticas médicas identificadas como inútiles o perjudiciales

En el embarazo

- Visitas «médicas» de rutina
- Control electrónico del latido rutinario
- Suplementos alimenticios
- Cremas preventivas para las estrías
- Tratamientos preventivos para las grietas

En el neonato

- Baño inmediato al nacimiento
- Ligadura inmediata del cordón
- Alcohol etílico para el tratamiento del cordón
- Separación de la madre de cualquier duración
- Suplementos a la leche materna en las primeras cuarenta y ocho horas

En el lactante

- La esterilización de la ropa
- Visita de control cada mes

- Posición lateral al dormir
- Dieta materna para la dermatitis del niño

En el niño
- Dieta en las diarreas
- Antibióticos preventivos en caso de fiebre
- Antitusivos
- Aerosol en las gripes
- Plantillas ortopédicas para los pies planos
- Gimnasia correctiva para la escoliosis
- Dietas para adelgazar
- Dejarse hasta dos tercios de los ingresos en las consultas de pediatría

Hagamos limpieza

En lo que respecta a nuestra cuestión, la investigación científica ha concluido que los lactantes destetados, y que posteriormente toman alimentos preparados en casa con ingredientes de uso común, crecen igualmente bien, cuantitativa y cualitativamente, con respecto a aquellos con los que se utilizan los productos de la industria especializada. Un estudio en particular ha demostrado la validez de esta conclusión, empezando con los alimentos sólidos a los cuatro meses, por lo tanto mucho antes de los seis, por lo tanto sabemos que podemos garantizar a nuestros hijos, ahora adultos, la completa tranquilidad con respecto a los posibles efectos negativos. Todos los miedos, que hemos acumulado durante tantos años, con respecto a la peligrosidad de los más variados alimentos han sido, paso a paso, investigación tras investigación, sistemáticamente desmentidos.

La sal

 Una de las más recurrentes, porque de alguna manera está teóricamente unida a la patología, ha sido la de la sal. Todos saben, y es verdad, que los hipertensos, es decir, las personas afectadas de una elevada presión sanguínea, se benefician al eliminar o al reducir la sal de la dieta. Y también es verdad que una dieta que contenga moderadas cantidades de sal puede contribuir a disminuir consistentemente, en individuos ajenos predispuestos, el riesgo de ser hipertensos. Pero no es verdad en absoluto que sea necesario eliminarla completamente. De hecho, la sal, químicamente cloruro de sodio, está contenida de manera natural en los alimentos. ¿Sabéis dónde encontráis cantidades excesivas de sal? En los alimentos preparados, que tanto éxito están teniendo entre nosotros. Si por esta razón las comidas las preparáis vosotros, que seguramente sabréis hacer un caldo vegetal mejor que una persona anónima, seréis capaces de regular con prudencia la cantidad de sal que añadís. Es verdad que se ha demostrado que cantidades exageradas de sal en los primeros meses no activan mecanismos de tipo hipertenso, pero ¿qué sentido tiene repetir el experimento en casa, cuando con cantidades adecuadas de sal las recetas son tanto sabrosas como saludables? Como veis, siempre volvemos al principio de una buena cocina, la que los pediatras evidentemente conocemos poco, dada la elementalidad de nuestras prescripciones.

El pediatra al que consulta Cándida para el caldo de verduras no va más allá de la patata y de la zanahoria y, aunque su ciencia conceda después de manera generosa e inmediata también otra verdura, y extrañamente no importa cuál sea, deja la elección a Cándida. *Tal vez ni él mismo tiene la más mínima idea.* Pero ¿no había un problema de alergias? ¡Bah! Si se hubiese tratado de una mujer pediatra, ¿quién sabe?, tal vez habría quedado mejor como cocinera. Pero ¡¿un hombre?! Por lo menos que hubieran incluido entre las asignaturas de la especialización en pediatría la visualización obligatoria en la televisión de algún capítulo del programa *La prova del cuoco* (La prueba el cocinero) o las peregrinaciones pueblerinas del gran Vissani (cocinero italiano). Tengo que confesar que al volver a verme, en mis intrépidos jóvenes años, prescribir tantas banalidades a mujeres que seguramente eran más expertas que yo, y ver cómo las aceptaban sin inmutarse, siempre he tenido la sospecha de que, en secreto, me compadecían, y que solo la cautela de un inmerecido respeto por ser el tutor de la salud de su hijo les ayudase a evitar echarse a reír en mi cara.

Y además de la banalidad, también están las incongruencias. Pontificábamos sobre la abolición absoluta de la sal y no escatimábamos con el queso grana. ¿Qué otra función podía tener ese añadido, sino salar la papilla o la sopa que fuese? Al destetar a un niño tratamos de introducir en su dieta alimentos diferentes a la leche, que tengan algo más que esta. Pero ¿de qué está hecho el queso grana, o similares, sino de leche y sal? Se considera que un lactante ya toma leche en abundancia; a decir verdad, la única sustancia nutritiva que realmente se incrementa es la sal.

Realmente lo conseguíamos por ser quienes éramos. Probablemente la confianza que se nos concedía era tan grande y ciega como para impedir la aparición de cualquier mínima duda sobre la validez de nuestras afirmaciones. Si hubiese habido una objeción bien argumentada, no habríamos sabido qué responder, porque realmente detrás de todo esto que contábamos no había nada, solo un miserable saber amontonado sin un padre y una madre presentables. Personalmente, temblaba solo de pensar que me preguntasen qué y cuántas verduras poner en el caldo. Hoy la pregunta no me tomaría por sorpresa: un buen paquete de menestra congelada, y adelante.

El cerdo

Otra víctima ilustre de la pseudociencia del destete ha sido el cerdo. Pesado, impulsivo, tal vez poco noble por su tendencia a revolcarse por la mugre de su pocilga, frente a la solemne andadura de la ternera por prados de hierba húmeda por el rocío, por supuesto, no se podía admitir en la mesa de frágiles párvulos de estómago virgen. Se prefería al dócil cordero, al tímido conejo, al devoto buey. Aunque, con las tablas en la mano, la calidad nutricional de su carne no tiene nada que envidiar a las otras especies animales y, en lo que respecta a su grasa maltratada, como ya sabían por experiencia mis abuelas y vuestras bisabuelas, la manteca de cerdo posee una composición que la hace particularmente adecuada para freír, comparable al aceite de oliva virgen extra.

Sin embargo, expulsado por la puerta, ha vuelto a entrar por la ventana, primero como jamón, como si el jamón fuera quién sabe qué, y solo después como cerdo en su totalidad. El jamón, evidentemente, tiene una connotación diferente a la de la bestia de la que forma parte; debe de tener en sí algo señorial que hace olvidar sus orígenes humildes y que ha hecho que lo utilicen como caballo de Troya para vencer a la resistencia de las madres de los potenciales consumidores. Después, la vuelta se ha convertido, recientemente, en un triunfo cuando dos prestigiosas empresas productoras de alimentos para la infancia, tan prodigiosas como para transformar, sin disparar un tiro, a simples niños en genios muy precoces, se han puesto a discutir al sonido de papel sellado sobre la legalidad de llamar jamón nada menos que al muslo del cerdo. ¡Y vosotros pretendéis entender algo del destete! Renunciad y olvidadlo. Haced otra cosa. Os garantizo que es posible.

El gluten

La historia del gluten es más clara. Se parece a la vida de un aristócrata que pasa a través de una revolución. Se trata de una proteína que, presente en algunos cereales, entre ellos el trigo, debe su particular importancia al hecho de ser casi indispensable, debido a su adherencia, para la fabricación de la pasta. Durante un tiempo incluso existió una «pasta enriquecida con gluten», es decir, con una adición extra de gluten además del natural. Una jugada astuta desde un punto de vista comercial, pero absolutamente superflua. Aparentemente, la pasta era más nutritiva pero, en realidad, no tenía nada diferente. Sin embargo, el hecho de que estuviese enriquecida parecía convencer a los pediatras y calmar a las madres lo suficiente como para garantizar el éxito.

Ya se conocía la existencia de una enfermedad agravada por la presencia del gluten en la dieta, la celiaquía, pero se pensaba que era un suceso extraño y, por lo tanto, no requería una prudencia especial. Después, recientemente, estalló la bomba: la celiaquía está presente en la población en una proporción de un caso en cada cien personas. El gluten se volvió inmediatamente un monstruo que había que combatir y se tuvo la tentación de hacerlo desaparecer del destete hasta una fecha que se establecerá. Pero todo esto es inútil, porque el gluten desencadena la celiaquía solo en los sujetos genéticamente predispuestos y lo hace independientemente del momento de su introducción. Que se haga a los seis o a los doce meses, el destino de ese niño no cambiará. Es más, según los expertos, cuando mejor se reconoce la celiaquía es cuando se manifiesta en el niño más pequeño: cuanto antes se dé, antes se diagnostica y antes se inicia el tratamiento, es decir, eliminar total y definitivamente el gluten de la dieta.

Las alergias

El último coco aireado de nuestro resentido pediatra delante de una Cándida menos brillante de lo normal es el riesgo de que aparezcan alergias a la primera introducción de alimentos en la dieta. Después de oír hablar de ello desde la mañana hasta la noche, en el periódico y en la televisión, es fácil imaginar lo en serio que se ha tomado la advertencia.

Pero ¡cuidado! Que las enfermedades alérgicas han aumentado es indudable. Que por esto se tenga que vendar la cabeza antes de habérsela roto es harina de otro costal.

Las conclusiones más recientes de la investigación, hablo de los últimos diez o quince años, relativas al riesgo específico, unido a la modalidad de destete, son extremadamente tranquilizantes. Existe un consenso casi unánime de las sociedades y academias científicas pediátricas más importantes sobre la inutilidad, si se hace aproximadamente a los seis meses de edad, de una introducción gradual y prorrogada de los diferentes alimentos que constituyen una dieta normal con el fin de prevenir las alergias. Probablemente estas conclusiones también son válidas entre los cuatro y los cinco meses. Es posible que haya un riesgo si se anticipa incluso a antes de esa edad, pero por otra parte, esto no tiene, como sabéis, ningún sentido, ni práctico ni nutricional. Los pocos que difieren declaran que lo hacen por querer ser extremadamente cautos, admitiendo al mismo tiempo y de alguna manera negando sus propias palabras, que no están en posesión de pruebas que justifiquen completamente su elección. En resumen, no es verdad, pero me lo creo.

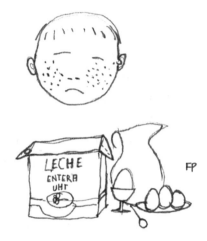

Una actitud diferente está justificada solamente en el caso de que ya se sepa que ese niño es alérgico, por lo general a la leche vacuna de la fórmula, o porque padece dermatitis atópica, enfermedad de la piel que puede ser el síntoma de alergias a diferentes alimentos como el pescado, los frutos secos, el trigo, pero sobre todo la clara del huevo y la leche de vaca habitual —estos dos últimos, juntos, cubren más del 90% de las alergias alimentarias a esa edad—. De hecho, estos niños tienen una probabilidad más elevada de reacciones, aproximadamente uno de cada cuatro, tal vez modestas, en el momento de la primera introducción de esos alimentos, pero este riesgo y la gravedad de la reacción no disminuyen si se espera un mes, o seis o doce, a darlos, ni si se dan solos en lugar de mezclados con otros. Así que lo que hay que hacer, solo en estos casos específicos, y solo para las comidas que contienen esos alimentos, es probar únicamente un poquito, de manera que si se produce una posible desafortunada reacción no cause ningún daño (de todas maneras, descubriremos más tarde que se puede hacer de este modo para todos). Si no ocurre nada, se sigue adelante como con todos los demás.

Sabed que, en los sujetos predispuestos a las alergias, es la introducción continuada de un alimento lo que lleva a su tolerancia, es decir, a no tener más consecuencias negativas. En cambio, una larga suspensión puede favorecer reacciones graves en el momento sucesivo al contacto. En el fondo cambia poco, solo algo más de atención a unos cuantos alimentos y durante el escaso tiempo necesario. Alguien seguirá insistiendo: «Sí, vale, será una minoría de casos, pero si se hacen introducciones individuales, en el desafortunado caso de que fuese mal, se consigue descubrir antes el alimento responsable». Todo cierto. Pero ¿vale la pena esforzarse tanto cuando ya sabemos qué alimentos señalar? Como he indicado antes, se trata casi siempre de leche y huevo y, además de estos, pocos más. Por supuesto, en teoría, se puede ser alérgico a todo. ¿Queremos ser coherentes? Si es así, ¿cuánto tiempo pensáis que podremos tardar en agotar la lista, esperando cada vez por lo menos una semana o más, como dicen, para dar tiempo a los diferentes tipos de mecanismos alérgicos a desencadenarse? ¿La criatura podrá conseguir comerse la tarta nupcial sin temor a explotar la primera noche? Por lo general, un riesgo merece una atención proporcional a su probabilidad. Cuando salimos con cielo despejado, no llevamos el paraguas. Lo haríamos, por supuesto, si viviéramos en Gran Bretaña. Y si hubiese un huracán, nos quedaríamos en casa.

La seguridad hacia cada posible riesgo alérgico en el destete la tendremos solo evitando dichos riesgos. De ese modo, contentémonos con hacer lo posible por disminuir las probabilidades. Todo parte de nuestras funciones intestinales. El intestino tiene el trabajo, extremadamente complejo, de absorber las sustancias nutritivas liberadas por la digestión de los alimentos ingeridos y, posteriormente, de no dejar pasar todo lo que podría dar problemas, desde infecciones hasta alergias. Para llevar a cabo correctamente este trabajo casi conflictivo, necesita una madurez y una integridad estructurales adecuadas. Este objetivo se consigue con la ayuda del tiempo y de una alimentación natural. Eso significa que tenemos que destetar en el momento preciso y promover la lactancia materna. Porque la leche humana, como obviamente la leche de todos los mamíferos para sus crías específicas, tiene una función bien conocida en el desarrollo normal de las funciones intestinales y, por consiguiente, también en el efecto filtro que he descrito. ¡Hagámoslo!

En la práctica

Después de esta buena parrafada, siempre habrá alguien que todavía preguntará, o se preguntará sin tener el valor de hacerlo en voz alta, si realmente se puede dar de todo, incluso tal y cual cosa, enumerando recetas gastronómicas absolutamente saludables, pero vividas en la imaginación popular como poco digeribles, tal vez por la presencia o la abundancia de ingredientes particulares, como especias, grasas, hongos, trufas y quién sabe qué más. Por lo general, aunque se trata de platos muy sabrosos, bien porque uno se pueda equivocar con la elaboración o bien porque se coma en exceso, muchas personas tienen de ellos un recuerdo negativo: bueno sí, pero pesado, hincha, produce acidez. Y este es el motivo por el que no me necesitáis para que os dé consejos. En el primer aspecto, se encuentran demasiados cocineros con cátedra; en el segundo, será vuestro dolor de estómago el que os indicará las proporciones idóneas. Sin ir a buscar tratados de ciencia de la alimentación, aprended a cocinar bien, y si una receta no os hace daño a vosotros, tampoco podrá hacerle daño a vuestro hijo. Queda por precisar cómo conseguir, de la mejor manera posible, hacer los trozos como si ya estuvieran «masticados» para uno que aún no ha alcanzado en esta específica competencia el máximo rendimiento —las encías de los lactantes son bastante puntiagudas y voluminosas, pero poco eficaces en comparación con los molares que tienen que venir.

La masticación es un procedimiento indispensable para hacer que las secreciones digestivas de nuestro aparato gastrointestinal consigan transformar los alimentos ingeridos en partículas microscópicas, para que después la pared intestinal esté en condiciones de absorberlas. Cuanto más grandes sean los trozos, más tiempo se necesitará para hacer un buen trabajo. Si el tiempo empleado fuese demasiado grande, puesto que el contenido del intestino está siempre en movimiento hacia la salida, los trozos excesivamente voluminosos podrían llegar al final de la carrera y ser eliminados, aún en parte íntegros. Esto representaría un desperdicio de recursos que solo en presencia de una gran disponibilidad de comida podríamos permitir y que, por lo tanto, como norma, en la historia de la humanidad, siempre se ha tenido mucho cuidado de no hacerlo. Además, puesto que en su tramo final, del colón en adelante, el tubo digestivo está intensamente poblado por microbios pacíficos, los conocidos como «flora bacteriana intestinal», si el material que llega está poco digerido y aún es rico en sustancias nutritivas, constituirá un alimento delicioso para nuestros pequeños amigos, que lo harán fermentar, procurándonos alguna hinchazón descortés de más y alguna apurada carrera suplementaria a un lugar apartado.

Sin embargo, los alimentos no se portan todos de la misma manera cuando se exponen a la digestión. Su grado de digestibilidad depende de su estructura más o menos compleja. Por ejemplo, el huevo crudo es un alimento sin estructura alguna, fluido, y sus constituyentes, grasas y proteínas, son fácilmente alcanzables por los jugos gástricos. En cambio, la carne está hecha de fibras musculares que la hacen más complicada de atacar y tendrá que ser, por lo tanto, picada, deshilachada o colada, dependiendo de la consistencia. La pechuga de pollo nos dará menos problemas que el bistec de cerdo, y aún tendremos menos con la carne del pescado, por lo que a menudo es suficiente con un tenedor para

aplastarla a la perfección. Sin embargo, por lo general, que-
dándonos en la carne, también podemos no ser excesivamente puntillosos porque nosotros, los humanos, al ser car-
nívoros, aunque no obligados, estamos sin embargo en
condiciones de digerir su estructura fibrosa y asimilarla adecuadamente. A pesar de que es mejor hacer fragmentos pequeños, si se nos escapase un trocito, sería difícil que pudiera llegar a ver la luz.

Para los vegetales es decir, las verduras, las legumbres,
la fruta, las semillas, etc., el discurso es diferente. También

tienen una estructura fibrosa,
con la diferencia que, al no ser
animales herbívoros, es decir,
que no sobreviviríamos solo de
hierba, no estamos en condiciones de digerirla, sino en mínima
parte y con la ayuda de nuestros inquilinos microbios. Si por
esta razón queremos explotar al
máximo todo lo bueno que contienen los vegetales, tenemos
que romper sus fibras y sacar el contenido. La parte fibrosa,
por nuestra constitucional y fisiológica incapacidad, permanece tal cual indigerida y, haciendo masa con el agua circun-
dante, adquiere una función fundamental en la estimulación
de la progresión del contenido intestinal y, por lo tanto, en la
prevención del estreñimiento y de todo lo que esto provoca.
Por este motivo, resulta absolutamente normal encontrar en
las heces de los niños trocitos enteros de zanahoria o de calabaza. Sobre todo si el niño aún vacía el intestino en el pañal,
donde las heces están bien expuestas, como la mercancía de

los vendedores ambulantes al sol y cualquier fragmento apreciable enseguida salta a la vista, en especial si tiene el color anaranjado de la zanahoria y la calabaza. ¿Será este el motivo por el que se dice que muchos niños no digieren las verduras? Lo mismo vale para la piel de las legumbres o de los cereales integrales. Se asimila el almidón, que se ataca con facilidad, y se desecha, por decirlo de alguna manera, la preciosísima piel. Si ingiriésemos semillas de cereales o legumbres enteras, las evacuaríamos tal cual, y podríamos contribuir útilmente, como los ignorantes pajaritos, a la diseminación de los cultivos.

En el caso del pan y de la pasta, es todo aún más simple porque, aunque son alimentos de origen vegetal, su estructura original, el grano de trigo, se ha destruido completamente, reducida a polvo, a harina. Su aparente solidez, fruto de la fusión con el agua y de su posterior cocción, en el pan, o desecado, en la pasta, se disuelve pasivamente con volver a remojarlos en el agua. Se deduce que, por grandes que puedan ser los trozos, si el niño consigue tragarlos fácilmente, se digerirán completamente.

Entendéis ahora lo inútil que es invertir dinero en la adquisición de aparatos sofisticados para la homogeneización de los alimentos, cuando es suficiente con las técnicas domésticas, como me han enseñado las madres, un insignificante triturador de perejil, para obtener en términos de asimilación de las sustancias nutritivas, los mismos resultados. Las casas productoras de homogeneizados y liofilizados, para defenderse del creciente abandono de sus carísimos productos, tratan de marcar las diferencias, exaltando la elección de las materias primas y, faltaría más, la ausencia de lo que no puede estar, conservantes y colorantes, y también de aire mezclado con el alimento que, dicen ellos, comprometería la digestión o provocaría cólicos. Sí, es verdad, con los licuados hay aire que se mezcla con la comida, pero ¿cuánto podría haber, en comparación con el que entra continuamente de manera natural en el estómago, para permanecer atrapado en pocos gramos de carne o de fruta licuada? Por supuesto, no tanto como para provocar unas dilataciones gástricas que los niños resuelven tranquilamente con un gracioso eructo o con un impertinente vómito. Y mucho menos cólicos gaseosos, que son algo muy diferente y en los que, a pesar del nombre, parece que el aire u otro gas no entran en absoluto. ¿Os queda alguna duda? No licuéis; picad simplemente, como he indicado, y los resultados serán igualmente satisfactorios. Pero, al final, ¿qué tienen que hacer a fin de cuentas, también ellas, las industrias, sino defender su volumen de ventas? Nosotros solo querríamos que fuesen menos falsas y tendenciosas y que la elección de utilizar productos industriales fuese realmente consciente, y no el fruto de un engaño sistemático que empieza desde el nacimiento del niño. Por lo menos vosotros, ahora, estáis fuera: ya tenéis bien claro que, en términos de capacidad digestiva, entre un niño de seis meses y uno de tres, originalmente destinatario de homogeneizados y liofilizados, hay un abismo de diferencia. Se trata de otro niño, que merece otra alimentación. ¿Quién sabe si, mientras tanto, también Cándida ha llegado a las mismas conclusiones?

El caso y la necesidad

Tranquilo: Hola, amor. Hola, pequeño, buena la leche, ¿eh? ¿Cómo va? ¿Novedades?

Cándida: En abundancia, y va que a partir de mañana te toca a ti, mi querido Tranquilito.

T: Me toca a mí, ¿el qué?

C: El dar de comer a tu hijo.

T: ¡Ay, ay! Cuando se convierte en mi hijo, la situación es grave.

C: ¡Mira que siempre... es... tu hijo!

T: Espero que sea así, pero cuando se vuelve... solo... mi hijo, tiemblo.

C: Y haces bien en temblar.

T: Pero ¿bromeas o hablas en serio?

C: Lo uno y lo otro, desgraciadamente.

T: En fin, ¿me explicas qué diablos ha pasado? Aparte del hecho de que creo que para contentarte tendría que dejar de trabajar, que no se te olvide, pero ¿no lo habíamos resuelto? Es verdad que para la comida no estoy nunca y que nunca lo he visto directamente, pero me he fiado de lo que me contabas tú. ¿O no es verdad?

C: ¡Qué dices! Es verdad que después de que lo hayamos hecho por nuestra cuenta, en resumen, después de que nos hayamos informado mejor, sin botes ni sobres, ha ido mejor. Le he dado de todo, digiere hasta las piedras, incluso parece más contento.

T: Y se ahorra.

C: Pero eso es lo de menos.

T: ¿Cómo que lo de menos? No nos regalan el dinero. Si no hay motivo para comprar porquerías, estará bien saberlo. Y si no nos lo llegan a decir en el consultorio, aún estaríamos aquí engordando a los Señores de la Papilla.

C: Sí, pero no es que hayamos cambiado el sistema por eso. Lo hemos hecho porque, lógicamente, nos había parecido que todos esos esquemas, guiones y prescripciones no tenían sentido y porque hemos encontrado a gente competente que nos lo ha sabido explicar. Si había que gastar, gastábamos.

T: ¡Por supuesto! ¡Todo por la criatura! Escucha, Cándida, no nos pongamos a discutir por esto. Dime, mejor, qué no va bien.

C: No va bien que creía que iría mejor. Con el menú casero hemos ido de maravilla, y después ha habido una frenada lenta pero progresiva.

T: No me habías dicho nada.

C: No te había dicho nada porque esperaba que pasase. Ahora también empieza a dejar mucho en el plato con respecto a los primeros días. Digo: en mi opinión va bien, pero por lo menos que coma lo suficiente.

T: Pero no me parece desmejorado. Además, me has enseñado tú que se solucionaba solo.

C: Sí, pero con mi leche, no con las papillas. Pero, después, ¿qué quieres ver en una semana? ¡Si continúa así, ya verás!

T: Pero ¿sigues dándole el pecho incluso después?

C: ¡Por supuesto que se lo doy! Tienes que ver la que lía si no lo hago.

T: ¿No tendrá razón el pediatra? Por lo menos en esto.

C: Ya no sé qué pensar. ¡Qué lío! Y después come, como si me hiciese un favor, sin entusiasmo.

T: ¡Ah! Querrías que estuviese todo excitado, emocionado, con los ojos fuera de las órbitas y la baba en la boca. Pero ¿no es un poco pronto para algunos caprichos? Y después de todo, sigues siendo su madre.

C: ¡Imbécil! Pero qué te cuentan para decir estas cosas. ¿Todo esto es el canto del mirlo macho?

T: Venga, va, es una ocurrencia. Vale, bien, no es de las mejores. Lo siento. Venga, ¡continúa!... ¿Entonces?

C: Entonces empieza a poner la mesa, que ya está todo listo. Hablamos después. Termino de darle el pecho y comemos. Lleva la trona también a la mesa, que después de comer, este ya no duerme. Activo como el que más. Adiós a los buenos tiempos en que apenas después de la toma se desplomaba. Hoy también, durante la comida, no se sostenía. Me ha hecho ir de un lado para otro. Al final he tenido que agarrarlo y ponérmelo en las rodillas. ¡Entenderás qué paz! Venga, ven, mofletito de mamá, aquí sentado, que ahora me toca a mí.

T: Todo listo y servido. ¡Que aproveche!

C: ¡Que aproveche!

T: ¡Mmmh! ¡Bueno! Has puesto berenjenas, ¿verdad?

C: Sí, y guindillas. Como lo hacía mi abuela.

T: Esto necesita un poco de vino.

C: ¡Otra vez igual! ¡Otra vez como hoy! Hazle algo así, se está quieto.

T: ¿El qué? ¡Estamos comiendo! ¡Tendremos derecho!

C: Yo también tenía hoy el derecho, pero nadie me lo ha garantizado. No digo que tengas que dejar de comer. Dale algo para que lo tenga en la mano. Toma uno de sus juguetes.

T: ¡Uf! Toma, ¡pequeño tocanarices! ¡Toma! De ninguna manera. No le puede importar menos. Tranquilo, tranquilo. No te alteres.

C: Sin embargo, es uno de sus juguetes preferidos. Pero mira como estira las manos.

T: Escucha, Cándida, a este no le interesan los juegos. ¿No seguirá teniendo hambre?

C: ¡Pero si ha mamado durante media hora!

T: Sin embargo, da la impresión de mirar lo que comemos.

C: Pero eso lo hace siempre, también conmigo, cuando me lo acerco. Hoy también quería poner las manos en los espaguetis. Quiere jugar... ¿Dices que quiere comer nuestras cosas?

T: ¿No podría ser?

C: Pero si nunca lo ha probado. ¿Qué va a saber?

T: Va, dáselo. ¡Mira un momento! No se aguanta. Lo querías entusiasmado, ahí lo tienes.

C: Pero ¡no puede ser! Y además está picante, imagínate si se lo pone en la boca.

T: Dale un trocito de berenjena sin condimento, así pica menos.

C: ¿Berenjena? ¡Sería el primer niño del mundo! Escucha, yo se la doy, pero la responsabilidad es tuya.

T: Y si tengo razón, ¿qué gano?

C: Mi gratitud de por vida.

T: A mí me vale por esta noche.

DESTETE A LA CARTA

Como un cuento

E l niño se lanzó con avidez sobre la cucharilla, tratando de agarrarla, inútilmente, también con las manos. La mamá guió con habilidad el insignificante, microscópico trocito a través de los labios dócilmente abiertos de par en par, para verlos inmediatamente después apretarse sobre el mango, mientras se lo sacaba de la boca, y lo volvía a limpiar a cada apetecible miga. La cara del niño gesticuló en una serie de intraducibles muecas de aparente disgusto, mientras la mandíbula continuaba su redundante trabajo demoledor, hasta un repentino relajamiento, interrumpido justo después por una reiteración del estado de violenta agitación que había convencido a sus padres a actuar, para probarlo otra vez.

Parece un cuento, si no fuese porque es un hecho que realmente ha ocurrido tantas, tantísimas veces, cuántos son los niños que consiguen convencer a sus propios padres para que confíen en ellos. Creo que no hay ningún padre que no pueda contar una historia parecida a propósito de sus hijos. El problema es que cuando sucede, este acontecimiento se interpreta a la luz de una visión absolutamente distorsionada del niño, la de un sujeto que es poco fiable, movido por impulsos irracionales cuya satisfacción solo traería consecuencias negativas. Esto provoca que lo que pudiera ser el inicio de un apasionante recorrido se reduzca a un hecho ocasional, anecdótico y cuestionable.

El niño de Cándida y Tranquilo solamente ha hecho entender, con una mímica irresistible, que él también quería experimentar las mismas acciones realizadas por sus padres. Es muy probable que, aunque lo que veía tenía algún parecido con lo que se encontraba delante de él todos los días a la hora de comer, él no tenía ni idea de que lo que estaba en los platos de sus padres fuese comida. Seguramente no tiene ninguna idea un niño al que nunca se le haya ofrecido una comida en un plato. Sin embargo, también en este caso, se asiste al mismo comportamiento: observación atenta, que aumenta día a día; tensión directa hacia los padres, su plato, sus gestos, e inquietud motora y vocal, hasta extenderse con el tronco y las manos hacia el objeto del deseo. Ningún padre está en condiciones de resistirse a un reclamo como este. Antes o después se rinden y le permiten que lo pruebe otra vez. Si se presiona, todos confiesan, y aseguran que lo han hecho rara vez o una sola vez, solo para ver lo que sucedía, porque «no somos en absoluto unos inconscientes, seguimos las indicaciones del pediatra; una tontería, no podía hacerle daño, porque, cuando lo hace de esa manera, ¿cómo resistirse?».

¿Quién decide?

Otra vez hay que pensar en que alguien haya ordenado las cosas de tal manera que, a una cierta edad, el niño desarrolle una determinada manera de comportarse que obligue a los padres a ceder a sus peticiones de comida. Porque, en ausencia de vínculos de cualquier naturaleza, es precisamente esto lo que siempre ha ocurrido. Es suficiente con ir a ver la época de destete en las poblaciones no industriales, es decir, lejos de nuestra manera medicalizada de considerar el cuidado del niño. Se descubre que, de media, los niños se destetaban entre los cinco y los seis meses. En ausencia de cualquier cultura científica, esto quiere decir que de manera natural, la experiencia familiar de todos los días, parecida en diferentes etnias, llevaba a una discreta uniformidad de decisión. Esta similitud se explica fácilmente por el hecho de que todos los niños, de cualquier parte del mundo —a menos que estén sometidos a prácticas educativas extremas, como tenerlos aislados e inmóviles en cualquier parte—, presentan un ritmo de desarrollo psicológico y motor superpuesto. Las diferencias de niño a niño, como ya he señalado, existirán siempre, pero nunca son amplias.

Por esto es por lo que todos los lactantes, alrededor de los seis meses, además de madurar las diferentes competencias motoras necesarias para la deglución de los alimentos sólidos y las digestivas, empiezan a presentar una insaciable curiosidad y un comportamiento imitativo cada vez más vivo. Como monitos, ponen las manos por todas partes, agarran cualquier objeto, lo miran, lo manipulan, lo exploran con la boca. Al disminuir progresivamente la necesidad de dormir, y al encontrarse asumiendo cada vez más a menudo la posición sentada, tienen más ocasiones para observar las acciones de sus padres y, apenas pueden, tratan de imitarlos. Su destino es el de convertirse en adultos independientes, y el modelo a copiar para alcanzar el objetivo no puede ser otro que el de sus padres. Incluso cuando no les hacemos caso, realizan un registro constante de todo lo que ocurre a su alrededor, y su cerebro trabaja incansablemente para hacer una reconstrucción, lo más eficaz posible, de tantas emociones. Así, sin que se haga nada activo para favorecerlo, aprenden la mímica, el porte, la manera de hablar, en resumen, todo lo que es típico de sus padres. Se trata de un poderoso muelle que, entre todos los demás factores, los lleva inevitablemente a seguir sus huellas, incluso en la búsqueda y aceptación de la comida.

Paso a paso

A las primeras pruebas les siguen otras, y las ganas de experimentar del niño parecen inagotables. Mostrará interés por todos los platos y, solo para conseguir hacer que la experiencia sea lo más amplia posible, no se le negará nada. Cuanta mayor libertad tenga para experimentar, menor será la probabilidad de tener problemas después. Lo que consideráis que no le podéis proponer porque creéis que también es un riesgo para vosotros, como ya os he dicho, negádselo, pero tratando de enmascarar vuestra decisión atrayendo su atención sobre otro alimento que queráis que pruebe. No tenéis que dar preferencia a ningún alimento en particular, porque todos, para una buena nutrición, tienen la misma importancia. La tensión será más fuerte cuando descubráis que un manjar en particular le entusiasma más que los demás.

Muy bien, quiere decir que está desarrollando sus gustos, pero no es una buena razón para malograr la dieta. Si esta preferencia amenaza con alterar firmemente el justo equilibrio de su dieta, reducid su disponibilidad en la mesa, para que se vea obligado a pedir otros alimentos. Para no caer en contradicciones, además de las ocasiones de las comidas en familia, las pruebas podrán realizarse en cualquier lugar en que se encuentre, por la calle saboreando un helado, en el restaurante o en la excursión a la montaña donde, si no conseguís improvisarle un bocadillo de mortadela, para esa comida volverá a su leche. En realidad, con un poco de sentido común, se consigue transformar, de manera idónea para un niño, cualquier alimento en cualquier lugar; pero no os forcéis, haced solo lo que os deje tranquilos, y ya será mucho.

Mientras ocurre todo esto, el niño continúa tomando su leche tranquilamente, natural o la que sea. Por otra parte, las pruebas han empezado sin una programación, pudiendo hacerse incluso con una estrecha cercanía a la toma, ya sea antes o después. En un primer momento no cambiará prácticamente nada pero después, lenta e inexorablemente, a medida que las pruebas aumentan en consistencia, también por el progresivo perfeccionamiento de sus habilidades, disminuye la cantidad de leche succionada. Los alimentos sólidos, de alegre experimentación por ser una novedad, han llegado a representar un aporte significativo de sustancias nutritivas, desenvolviendo de esta manera el trabajo institucional que se les ha asignado, y este es el de integrar todo lo que en la leche ya no es suficiente para un niño tan crecido. Por csto se habla más correctamente de «alimentación complementaria» y no de destete, que por otra parte, en su acepción original, indica la interrupción definitiva de la lactancia materna, y que ahora es vivido tradicionalmente, hacia los dos o tres años de vida, solo como un «vicio».

Más o menos rápido, ya sea en dos o tres semanas o en dos o tres meses, las pruebas van aumentando hasta representar una comida completa que pueda sustituir a la leche. Pero también es verdad que, en este punto, es probable que la toma ya se haya convertido solo de manera espontánea en

una especie de postre o un aperitivo para ganar tiempo en espera de la comida familiar. De hecho, precisamente por esta razón, no representa un obstáculo para los cambios que se producen. Sobre todo en el caso de la lactancia materna, por su mayor práctica y connotación afectiva, disfrutad también de estos momentos de intimidad. Si el incremento de la cantidad de comida sólida os parece modesto, no le metáis prisa. Os arriesgaríais a volver a caer en los viejos esquemas y lo estropearíais todo. Sed pacientes y confiados. No abandonéis su conquista. Todos, antes o después, hemos llegado a ese fin.

Y así, sin haber decidido nada, sin haberos preocupado por nada, con el mínimo gasto, divirtiéndoos y entusiasmándoos junto al niño, os lo encontráis en la mesa, en el almuerzo y en la cena, para comer con vosotros y como vosotros, de buena gana y sin derrochar. ¿Qué más queréis?

Una etapa obligatoria

Llegados a este punto podemos interpretar el destete ya no como un cambio que se tiene que programar con precisión, decidido según criterios nutricionales o estadísticas, sino como una fase de desarrollo obligada. Esta fase es necesaria para la evolución del niño hacia la condición de adulto autónomo, unida a la coordinada aparición, en un cierto punto del desarrollo, de todas las competencias específicas que he descrito y que llevarán al lactante, con total independencia y sin saberlo, a poner en práctica los comportamientos que resultarán en el inicio del destete. Algo tan natural y obligado como ponerse en pie y caminar, hablar, reproducirse.

Por lo tanto, los niños se destetan simplemente porque no pueden evitarlo. Se lo impone la ley de la naturaleza. La ley de la supervivencia.

De hecho, el sustento que los mantiene desde el nacimiento, la leche materna, no podrá estar disponible durante mucho tiempo. La madre, en condiciones naturales, es decir, en ausencia de sistemas anticonceptivos, dentro de uno o dos años, de media, estará otra vez embarazada, y ya no podrá dar leche con la misma abundancia. Después del nacimiento del nuevo niño, si todo va bien, le quedarán solo las sobras, obviamente insuficientes para alimentarlo completamente. Es mucho más lógico y útil para la especie hacerlo de manera que, con tiempo suficiente, el cachorro de hombre aprenda a alimentarse de otra forma. Sin prisa, progresivamente, pero dentro de los plazos de tiempo establecidos. Él, tranquilamente, obedece al instinto que lo lleva a cumplir acciones que en su ambiente familiar provocarán una respuesta adecuada, también esa, probablemente, instintiva. Sus padres no podrán evitar darle lo que pide, porque en ellos también brota algo potente que los convence de hacerlo. Como cuando de pequeño lloraba y no se podía resistir en absoluto la necesidad de consolarlo. Y, si no era posible lograrlo, todos sufrían.

La historia

Nuestros antepasados, como carecían de conocimientos científicos, digámoslo así, siempre respondían instintivamente a las señales indiscutibles que venían de los niños y, dentro de la disponibilidad material y de las tradiciones populares, ofrecían a sus hijos lo que tenían en la mesa. También en su caso el sentido común era la mejor guía. Por ejemplo, lo que no se podía aplastar o triturar con facilidad, la madre lo masticaba y después se lo daba al niño. Práctica que hoy nos hace arrugar la nariz pero que, en las condiciones higiénicas de la época, era mucho más correcta de lo que hoy podemos pensar. Después, con el avance de la ciencia y el descubrimiento, entre tantísimas cosas, de los recónditos secretos de los alimentos, de los admirables mecanismos de la digestión y de la creciente confianza de la gente en la medicina, se ha pensado, como era lógico, que ya era hora de que los niños también pudiesen saborear los frutos de tantos nuevos conocimientos, considerando también que no es que se lo pasasen demasiado bien entre desnutrición y enfermedades infecciosas. Sin embargo, en lugar de centrarnos y culpar a las causas que hay tras algunas enfermedades infantiles, es decir, la pobreza y la insalubridad, se ha optado, con el apoyo de la ciencia, por actos de naturaleza socioeconómica, nos hemos preocupado sobre todo por experimentar una manera diferente de destetar a los niños.

El experimento, es decir, la investigación, es el jugo del progreso científico. Si alguien te dice: «¡Experimentemos!», no debes responder simplemente que no. Pero le puedes y le debes preguntar por qué. Si no hay una buena razón para conseguir una mejora probable, se perderían tiempo y dinero, y los sujetos del experimento arriesgarían su salud para nada. En nuestro caso se pensaba que la alimentación del lactante alrededor de los tres meses, ya fuese con lactancia materna o con la fórmula sustitutiva, se tenía que suplementar con otros alimentos, evidentemente en la hipótesis de que la leche materna y la fórmula no aportaban todo lo necesario para un crecimiento normal. En realidad, nadie había demostrado nunca que los niños que continuaban siendo amamantados exclusivamente hasta después de los tres meses ya no creciesen bien. E incluso los que tomaban la fórmula también crecían demasiado, según los criterios de hoy en día y, sin embargo, bien, según los criterios del ayer. En ausencia de motivos válidos para poner en marcha cambios de esta magnitud, se podría pensar que nosotros, los pediatras, podríamos estar todos locos. Probablemente estábamos distraídos o teníamos otra intención que considerábamos más importante y que captaba toda nuestra atención. Por lo menos en mi caso. Y no consigo imaginar un proyecto complejo y bien articulado, puesto en práctica solapadamente por alguien a espaldas de todos, familias y trabajadores sanitarios.

Es posible que todo haya ocurrido por casualidad, lentamente, con un perfil bajo, sin clamor, para luego tomar fuerza, difundirse y volverse imparable. Acogiendo como necesariamente correcto, lo que veíamos hacer a colegas más ancianos y lo que encontrábamos escrito en los libros, menospreciamos la función primaria, consolidada desde siempre, de la leche materna. Tal vez era precisamente esta posición de fuerza la que frustraba la febril voluntad modernizadora de la época. Todo se derrumbaba o cambiaba, y la función de la leche materna no. El hecho de que, en la historia de la humanidad, solo los niños que tomaban la leche materna sobrevivían, mientras que para los demás la muerte era la norma, se veía no como la demostración de un valor vital de la leche humana semejante al aire que respiramos, sino solo como una primitiva falta de calidad en lo que se daba en sustitución. Nació entonces la leyenda de que, teniendo lo mejor a nuestra disposición, no debíamos prescindir de ello. La mujer y los niños modernos podían dejar atrás todo lo viejo y aprovecharse de los más recientes descubrimientos científicos. Amamantar era una práctica anticuada, incómoda y esclavizante, un obstáculo para la emancipación femenina.

Una de las leyendas más difundidas, que nos animó a nosotros, los técnicos, a llevar a cabo el delito, fue la supuesta carencia en la leche humana, con respecto a la de vaca, del hierro, mineral indispensable para la sangre y mucho más. Era como decir que los niños, en cuanto al hierro, no se merecían ser menos que los terneros y, para poner remedio, era necesario sustituir la leche de mamá por las fórmulas, esto es, con un alimento a base de leche de vaca. Evidentemente, el Creador, mientras elaboraba la composición de la leche de los mamíferos, tenía que haberse confundido. Habrá sido al final del día, cansado, o molesto por las reivindicaciones sindicales de Lucifer. El hecho es que había creado la mejor leche para los terneros en lugar de para los niños. Siempre subestimado, el Omnipotente; es su destino.

Se escapaba la evidencia de que, lógicamente y gracias a él, la leche de cada mamífero tenía que ser la mejor para su cachorro específico y no para los demás. Las vacas se echarían a reír si les quitásemos a las terneras su leche y les diésemos la de la mujer. Nosotros no reíamos. Estábamos terriblemente serios y, también terriblemente realizábamos nuestro experimento. Además, lo hacíamos con las fórmulas sustitutivas, y decir que lo hacíamos a la buena de Dios es decir poco. Entonces, no se podía, como en cambio sabiamente se hace hoy, tomar como modelo la leche humana. Eso habría significado desmentirse y derrumbar el castillo de omisiones y frustraciones que se había ido construyendo. Vemos que —proporcionar alimentos diferentes a la leche, por lo general, podía no ser una mala idea— el paso fue breve: si había que ser modernos, valía la pena pisar a fondo el acelerador hacia el futuro.

De esta manera, empezamos con las micropastas para sopa, las cremas y los homogeneizados, para pasar después con entusiasmo a los liofilizados; y no porque fuesen, como efectivamente eran, más digeribles, sino solo porque, de esta manera, aún podíamos anticipar alguna semana su introducción.

El resto lo sabéis. Afortunadamente, al contrario que en Sodoma y Gomorra, había quedado algún sabio pediatra que se había salvado de la destrucción. Ha hecho falta tiempo, y aún hará falta más, pero la meta está cada vez más cerca. Se podrá pensar que exagero; sin embargo, la magnitud del empeño, también financiero, de las grandes organizaciones internacionales (OMS y UNICEF) para volver a poner las cosas en su sitio ha sido tan amplia y las acciones que se han puesto en marcha tan urgentes que, evidentemente, habíamos quemado el asado, e incluso intoxicado de humo a toda la familia.

El redescubrimiento

Fue precisamente este lento ascenso de la pendiente de los meses lo que nos llevaba a una época de destete mucho más avanzada con respecto a la precedente, para permitirnos a nosotros y a las madres como Cándida empezar a notar esos comportamientos inusuales que he descrito y de los que o no conseguíamos dar ninguna explicación o las dábamos confusas. Antes de que su hijo fuese destetado, las madres hacían consideraciones del tipo: «¡Si viese cómo se entusiasma durante nuestras comidas!», «¿No se habrá cansado de la leche?», «Tal vez ya es hora de darle algo sólido de comer». Y después de destetarlo: «Ya no quiere sus alimentos y prefiere los nuestros». En la práctica se concluía que, el niño, en relación con la comida, era más como un glotón que disfruta que otra cosa; una vez que se ha cansado de un alimento que siempre tiene el mismo sabor, indiferente a sus necesidades vitales, se lanza sobre los manjares de sus padres, necesariamente más apetitosos que su bazofia. En resumen, un niño que pensaba solo en la satisfacción de necesidades super-fluas, caprichoso, pedante, incapaz e inconsciente. Todo aparentemente lógico, si lo miramos con la vieja mentalidad directiva, que imponía al niño, por definición frágil, pesado e incompetente, el respeto de los esquemas rígidos de comportamiento, desde el sueño a la alimentación, esquemas fruto de la pura invención y muy destructivos no solo para el bienestar de los niños, sino también para el de las madres.

Hoy en día, como he tratado de contar, al lactante, en sus necesidades y motivaciones, lo conocemos mucho mejor, y sabemos demostrar y explicar lo que una vez, en los tiem-

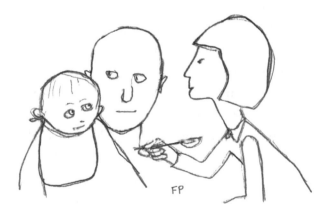

pos de Maricastaña, se contentaban con entender y aceptar. El niño no es en absoluto un listillo redomado que se queda ahí, al acecho, preparado para crear dificultades a aquellos de quienes, atended bien, depende su supervivencia. Como se ha dicho, él se pliega dócilmente a sus padres, modelo elegido como inquebrantable, siguiéndolos paso a paso. Su interés por la comida de sus progenitores es, en realidad, solo un interés por lo que hacen. La primera vez, no sabe que se trata de comida, es decir, de algo que, una vez en la boca, le producirá sensaciones parecidas a las causadas por la leche. Solo se trata de una experiencia con un objeto, como con tantos otros. El hecho de vérselo hacer a ambos padres al mismo tiempo, y con regularidad diaria, no hace más que acentuar su deseo de imitación. A este propósito también podremos imaginar que el niño se pregunte, tal vez preocupado, desde cuándo comen sus padres, teniendo en cuenta que nunca los ha visto succionar de una teta o de un biberón. O casi.

El poder de la memoria

Normalmente el reconocimiento es rápido. En esto, las experiencias gustativas precedentes ayudan a los lactantes, ya fuera en el útero materno o durante la lactancia, pues les permitirán reencontrarse con algo familiar en lo que les llega a la boca. Que la leche materna tiene olor y sabor es bien sabido; tanto es así que a las nodrizas se les aconsejaba no comer alimentos muy aromáticos o amargos, para no arriesgarse a que el niño rechazase el pecho.

Hoy en día, sabemos que no solo a través de la leche materna, sino también con la sangre de la placenta, le llegan al niño, además de todos los elementos nutritivos que necesita, muchas sustancias que no son nutritivas, entre ellas el aroma de los alimentos, que se deshace con la orina. Sí, es precisamente así. Los niños hacen pipí en el útero, en el líquido amniótico en el que se mecen, sin ninguna contención y, lo que aún es más molesto, como si nada, lo sorben como si fuese una bebida sabrosa. Y sabrosa seguramente es, por lo menos según lo que ese día haya comido su madre. De esta manera, precoces secuaces de filosofías naturistas, se construyen una completa experiencia gustativa sobre la base de la dieta materna. Al considerar entonces que, como mecanismo importante de madurez de los pulmones, también están presentes actos respiratorios ocasionales, obviamente de líquido amniótico, es probable que se metan en la caja fuerte de la memoria también los olores. Pero es incorrecto hablar de memoria y de recuerdos, como si se tratase de algo lejano a lo que volver a ir después de tanto tiempo. De hecho, estamos hablando de experiencias diarias que nunca tendrán una interrupción ya que, como máximo en la hora siguiente al nacimiento, el neonato, siempre que no se arranque a traición de los cuidados maternos, buscará automáticamente el pecho, se enganchará a él y volverá a encontrar enseguida, en el calostro, las mismas sensaciones. Solo los niños de las pocas madres imposibilitadas para amamantar tendrán que hacer, en las primeras pruebas, un pequeño esfuerzo de memoria, pero, ya que el poder evocativo de los sabores y, sobre todo, de los olores es enorme, tampoco ellos tendrán particular dificultad.

Por tanto, es absolutamente inútil y también contraproducente desaconsejar a las madres que amamantan que renuncien a cualquier alimento que forme parte de su dieta.

Que coman todo lo que están acostumbradas a comer, con la única, obvia, limitación de lo que saben que no es saludable. Desde la concepción, no tendría que ser una novedad la importancia de una dieta adecuada, tanto para la madre como para el niño. Durante la lactancia no cambia absolutamente nada, ni durante el destete. Llevando al extremo el concepto, no sería equivocado afirmar que cuanto más amplia sea la variedad de la dieta, mejor será después, pero tampoco hay que preocuparse demasiado, porque la fuerte motivación a la imitación por parte del niño lo inducirá a aceptar también de buen grado los alimentos totalmente desconocidos.

De hecho, ¿por qué otro motivo los niños aceptarían aventurarse en lo desconocido, en un cambio tan drástico en la manera de alimentarse como representa el destete, por lo menos como lo concebíamos en el pasado? Hagamos un esfuerzo y probemos a ponernos en su lugar.

BABY Y EL VERDUGO

E l acusado ha sido llevado ante el tribunal por enésima vez y, a pesar de haber intentado, como de costumbre, declararse inocente, el juez lo ha encontrado culpable de

inminente carencia nutricional y, conociéndolo bien como rebelde y reincidente, lo ha condenado al destete con caldo vegetal y omisión. La sentencia será ejecutada, por la generosa clemencia de la corte, no al alba sino al estallido del mediodía, asegurado con correas a la trona, sin venda y sin las manos atadas, siempre que no oponga resistencia.

El día de la ejecución de la sentencia, el verdugo, una buena persona, muy apegada a su trabajo, después de un sueño un poco agitado, también debido a una interrupción en medio de la noche por una llamada del condenado, se levanta con tiempo suficiente para repasar los términos de la sentencia y los detalles de la pena, de manera que, al duodécimo toque, todo esté perfecto y la ejecución no se tope con ningún obstáculo. El verdugo, sin embargo, por más que tenga una cierta experiencia y ya haya ejecutado varias condenas, siempre sobre el mismo desventurado, no se siente tranquilo. Ahora lo conoce bien, y sabe que su reacción podría ser devastadora. También ha pedido el consejo de otros colegas verdugos con una carrera más amplia, y estos no lo han tranquilizado en absoluto.

En algunos casos, la angustia de los condenados ha durado semanas y ha puesto a dura prueba la resistencia de los ejecutores. Lo que angustia al verdugo es que, después de todo, a pesar de que ha sido su mayor pena durante meses, ahora le ha tomado cariño al condenado y le disgustaría causarle sufrimientos inútiles. Incluso con todos sus defectos, se ha convertido en una buena compañía. También piensa que, tal vez, si hubiese sido más afortunado en la vida, si la sociedad no hubiese sido tan injusta con él, si le hubiesen dado las oportunidades adecuadas, quién sabe, ahora no estaría en

esta situación, sino fuera y no sería su verdugo, se encontrarían y se conocerían mejor, por qué no. Incluso piensa que
también forma parte de esa sociedad un poco mezquina, y se
entristece. Sin embargo, también sabe que la ley es la ley, y no
puede librarse de su deber. Por otra parte, tampoco se puede
decir que no supiese a lo que se iba a enfrentar.

Cuando aún estaba estudiando para ser verdugo, los fu-
turos colegas ya de renombre, y también algunos amigos bien
informados, repetidamente le habían puesto sobre aviso con
respecto al precio que debía pagar para conseguir ese objetivo de gran prestigio moral, incluso hasta el punto de hacerle
dudar de la sabiduría de su elección. Pero después, un poco
porque ya estaba demasiado adelantado con la preparación,
un poco porque se sentía comprometido con todos y no quería quedar mal, y un poco porque su amor propio le reclama-
ba satisfacción, había seguido adelante con orgullo sin más
reflexiones. Ahora, sin embargo, todas sus dudas volvían a
salir del profundo recoveco donde las había ocultado y se le
mostraban una tras otra, despiadadamente, quebrando sus
ya precarias certezas.

Baby, o Ulises, por la sutil astucia y la capacidad de po-
nerte de manera repentina un dedo en el ojo en cualquier
situación, precisamente a causa de estas cualidades, prácticamente siempre es detenido. Duerme relativamente tranquilo esa noche. Sin embargo, se despierta sin razón alguna,
hacia las tres de la mañana y, sin saber qué hacer, llama al
verdugo que, amablemente como de costumbre, se presenta
más allá de los barrotes. Por supuesto, no es la primera vez
que charla un rato con el verdugo en la oscuridad de la noche. Le ocurre a menudo despertarse de esa manera extraña,

con algo dentro que no sabe explicar, y ha descubierto que intercambiar unas confidencias con el verdugo consigue hacerle retomar el sueño. Ha sido así desde el inicio de su detención. De repente, algo dentro de él le ha dicho que podía fiarse. No todo el monte es orégano, por supuesto, y llueven los castigos.

Él siempre ha intentado hacer lo posible para contentarlo, pero no es fácil entender cada vez lo que quiere. Se ha visto obligado a descubrirlo por medio del ensayo-error, ahora va bien, ahora va mal. Sin embargo, en general no se puede lamentar, es más, más bien está satisfecho. Sabe bien que su vida no puede ser fácil, sabe que tiene que combatir siempre, y ha aprendido a contentarse con poco. Ni siquiera pide mucho. En su condición sabe que sería perfectamente inútil. El verdugo es demasiado fuerte para él. Y además no es ni siquiera esto. No ha sentido la necesidad. Se queda la mayor parte del tiempo detrás de los barrotes a dormitar, a pensar, a recoger cada mínima señal de vida alrededor. Del verdugo sobre todo. De lo demás, depende de él. En resumen, como todos los detenidos.

«Diantre, lo que me toca, lo exijo», estalla Baby. Acepta su condena, los continuos procesos, los inevitables castigos, pero los demás tienen que respetar el reglamento. En una cosa no transige Baby: las comidas. Tal vez son la única verdadera satisfacción de su vida. Estructuran y dan vida a su día. Las siente tan necesarias que la sola idea de que no se las den le destruye la moral. El verdugo, desde este punto de vista, es bastante fiable; no se excede, pero lo esencial se lo da. Incluso, algunas veces, sin ningún motivo, va a buscarlo, así, para charlar un rato, y hasta le ofrece una comida extra, y para uno en sus condiciones, es realmente un gran consuelo. Por supuesto, también ha ocurrido que han chocado, incluso violentamente, pero sin graves consecuencias. Él sabe que a veces sirve levantar la voz. No es que el verdugo se asuste, pero parece reflexionar, casi como si leyera detrás de sus arrebatos. Como si se abriese una brecha en la pared de la falta de comunicación que siempre los ha dividido. «Pero sí, es un buen diablo —piensa Baby—. Si tan solo pudiese hablar la misma lengua». Pero ya se sabe, los verdugos son todos así. Durante las horas de libertad ha tenido ocasiones de hablar con otros detenidos y ellos también encuentran sus mismas dificultades, unos más, otros menos.

Hoy está un poco preocupado porque ayer sufrió otro proceso, el enésimo del que no le han dado una razón, y no sabe mínimamente qué pena se le ha impuesto. No es que nunca se haya preocupado mucho. La tortura con las agujas la aguanta con dignidad. Aparte de algún lamento, al poco tiempo ya no piensa más en ello. Le ha ocurrido una o dos veces, no se acuerda bien. Peores son las técnicas de privación, de aislamiento, de ayuno. Sinceramente, esas lo han devastado, pero han durado poco y también son un recuerdo lejano. Espera, como siempre, que el verdugo consiga entender, también esta vez, su situación y que reduzca al mínimo su sufrimiento. No puede hacer más que esperar, ajeno a lo que le aguarda.

Son las doce. El verdugo, en estado casi febril, ha terminado los preparativos para la ejecución. Sabe cuánto le importan a Baby sus comidas, y se espera lo peor. Se repite a sí mismo que todos los verdugos lo han hecho antes, y que no hay ninguna razón para que no tenga que conseguirlo. Sin embargo, le recorre por todo el cuerpo una especie de corriente eléctrica, un flujo potente de extraños pensamientos, sucesivas dudas, que nunca antes ha tenido. Teme perder todas sus certezas. «¡Maldito Baby! —exclama en su interior—. ¿Qué me ocurre?». Sin embargo, se arma de valor y se acerca con sus instrumentos.

Baby sabe que la comida es inminente y empieza a saborearla con la mente. El verdugo lo ha llevado fuera de los barrotes pero, al contrario que de costumbre, lo ha atado en la silla de sujeción. Normalmente, la comida se le da directamente el verdugo, con un procedimiento casi ritual, un poco anticuado, en el que, sin embargo, enseguida se han puesto de acuerdo. En esas ocasiones ya ni siquiera parece un verdugo, emana algo que lo fascina y, en cierto modo, lo carga. Está convencido de que es solo eso lo que le ha permitido resistir hasta ahora. Ya no ve al verdugo desde hace un rato y empieza a ponerse nervioso. ¿Qué tiene que ver con la condena? Ahí está, por fin. Lo ve acercarse lentamente. Tiene un aire extraño, y lo

mira como si tuviese miedo de él. Esto no sabe explicárselo. Nunca han tenido riñas durante las comidas. En todo caso, cuando lo ha hecho esperar demasiado, pero hoy llega casi a tiempo y él está tranquilo.

Lo ve poner en el suelo de la silla de sujeción un plato, con cosas ondeando dentro. Parecidas a esas con lo que la ha visto jugar alguna vez, pero de un color apagado, para nada interesante. Siempre se ha preguntado qué juego era, y últimamente, incluso, ha pensado en mostrárselo, así, solo para pasar el rato. Lo ve agitarse, y precisamente parece que quiere que juegue. Él trata de hacerle entender que no es el momento, lo aleja, pero el verdugo insiste. Se pregunta qué es lo que le pasa por la cabeza, como si no entendiese que él tiene definitivamente que comer. Vuelve a intentar explicarse, pero no hay manera. El verdugo continúa ofreciéndole cl juego, primero acariciándolo, después serio y cada vez más obstinado.

En Baby empieza a subir la rabia y su rebelión se concreta en ásperas protestas verbales y algún gesto un poco violento. Inmediatamente después se arrepiente, y teme la reacción del verdugo. Sabe bien que está prohibido y que corre un gran peligro al actuar de esta manera, pero se siente amenazado y no puede evitarlo. Quiere comer. Cuando menos se lo espera, ve una cuchara con esa cosa blandiendo contra su cara e inmediatamente después puesta dolorosamente en la boca. Aprieta los labios, se defiende como puede, lo escupe con todo su contenido. Pero es inútil, y se sigue preguntando qué cstá ocurriendo. Con una expresión malvada, como nunca la ha visto, el verdugo repite la operación, determinado y aún más violento. Y él, en este punto, en un momento comprende la atrocidad de su destino. Entiende que esta es la pena a la que ha sido condenado. Lo que más le importa, la savia vital de su supervivencia, se le ha quitado. Y no será como en otras ocasiones, que solo tendrá que esperar un poco más. Esta vez es peor. En lugar de la dulce comida regeneradora de su cuerpo y de su espíritu, estará este insulso juego profanador. De esta manera, intuye y teme claramente su ineludible final; quemando en pocos minutos toda la energía de la que dispone, irrumpe en un grito y en una contracción de todos sus músculos, que le hacen perder toda apariencia de humanidad.

El verdugo ha seguido la creciente incomodidad de Baby con aprensión y temor, enumerando, como una cantinela, todos los motivos válidos que justifiquen su trabajo: el prestigio moral, la reinserción social del condenado, el cumplimiento de la orden con lo establecido. Su confusión aumenta. Se pregunta si todo esto vale el vacío cansancio que ha sentido crecer dentro de sí y, posteriormente, se repite que solo ha recibido órdenes y su deber es obedecer. Cuando lo ve rebelarse, por un momento se asusta. Enseguida vuelve a asumir el control y se obliga a llevar a término su trabajo. La reacción de Baby lo irrita y, en cierto modo, lo ayuda porque le da fuerzas. Pero es una fuerza que nace de la rabia, una rabia que borra toda razón y todo sentimiento. Ahora ya no sabe lo que hace y por qué lo hace. Después el grito, la cara violácea y ensuciada, las contorsiones como si se tratara de una bestia desgarradora y el sufrimiento.

Todo penetra en el alma del verdugo, lo aterroriza, lo desgarra y, de improviso, lo ilumina y lo libera. Fuera el deber, fuera el juicio, fuera las órdenes, fuera las conveniencias, fuera todo. Entiende que ya no puede ser como quieren los demás. Tiene que ser él mismo. Se pregunta cómo ha hecho para no entenderlo antes. Todas las señales y los mensajes que venían de Baby, de sus ojos, de sus sonrisas, de su tristeza, han sido siempre estúpidamente pasados por alto, ahora se agolpan de improviso, claros y precisos, en su corazón. Lo ha decidido. Lo mira con ternura, lo tira todo, le sonríe, lo acaricia largo y tendido, le habla con dulzura y, al final, lo toma en brazos.

Baby está desorientado. El terror aún no le ha abandonado del todo pero lo que ve le bloquea. El verdugo se comporta de una manera que ya no parece él. Su cara se relaja en una tímida sonrisa, casi como si pidiese perdón. Se acerca, lo roza y lo envuelve con su perfume. Baby siente que algo increíble está ocurriendo, lo espera, lo cree. Ve desaparecer los instrumentos de tortura y su confianza aumenta. El verdugo le habla, él no entiende mucho, como siempre, pero algo le llega a través de ese lenguaje aún desconocido. Ese calor, esa concxión íntima que, alguna vez, fugazmente había sentido.

Ahora es más fuerte, mucho más fuerte. Siente crecer en sí la seguridad, el amor. Le devuelve la mirada con igual felicidad y ternura, con intensidad, como en un anhelo de llamarlo, ahora que todo ha cambiado, por su nombre, pero no sabe cuál. Pero esto no será un problema durante mucho tiempo. Inmediatamente quien ya ha dejado de ser verdugo piensa en ello: «Ven, pequeño mío. Ven aquí, con tu mamá».

LA RELACIÓN

El contexto

Y vivieron felices para siempre, se podría decir, pensando en Baby y en su madre. De hecho, no estamos muy lejos de la realidad. Los problemas, en el ámbito de la alimentación infantil, son moderadamente frecuentes y una buena parte de ellos se vuelve un verdadero desorden que está presente de manera crónica y es capaz de poner en crisis a toda la familia. Un buen inicio, primero con la lactancia natural, después con el destete igualmente natural, evitaría la inmensa mayoría de ellos.

Como hemos visto, para los niños todo cambio representa un momento crítico. Baby recuerda cuando, para adaptarse a las exigencias familiares, tuvo que alargar los intervalos de sus tomas, cuando se le dejó solo en la oscuridad para que aprenda a dormirse solo, cuando se vio obligado a sufrir la pequeña violencia de las vacunas, y así sucesivamente. Seguro que todas las situaciones son estresantes para él y tienen una característica en común: todas le han sido impuestas. Lo mismo amenaza con ocurrir con el destete. Su madre, lo amamante con el pecho o con el biberón, ha recibido la indicación de destetarlo. Esto se sigue al pie de la letra, como es lo correcto para toda prescripción médica. Y la introducción de los nuevos alimentos se vuelve, de esta manera, como la administración de un medicamento, con sus dosis y sus horarios.

Lo poco justificados que están los alimentos que haya que suministrar ya lo hemos debatido, y ahora también se añade ese insostenible horario. Incluso queriendo aceptar el resto de la prescripción, y a estas alturas ya no lo hacemos; ¿cuál es el sentido de que la primera papilla sea precisamente al mediodía? No es que los niños sean más maleables a esa hora, ni que resulte más cómodo para la madre. Aunque no trabaje fuera de casa, por supuesto que en casa trabaja. Y es por la mañana cuando es más productivo reordenar, cocinar, hacer la compra e ir a realizar gestiones. Simplemente no dispone del tiempo necesario para realizar un trabajo que pediatras y psicólogos definen como extremadamente delicado. Y si dispone de él, resulta que la madre está sola, porque el padre se espera que esté en el trabajo. ¿Y por qué no por la noche? La agenda de las tareas se ha cumplido, todos están en casa y el teléfono también suena menos. Tiempo hay cuando se quiere o, en cualquier caso, hay suficiente. ¿No nos querrán hacer creer que se evita la noche porque a esa hora se considera que la digestión es más difícil? ¡No, no! ¡Olvidémoslo! Nadie puede ser tan pueril para pensar que el niño esté indigesto por la noche porque no puede hacer su habitual paseíto digestivo en el parque. Por lo tanto, tiene que haber sido la distracción habitual, por lo menos para los niños, ya que desde el nacimiento maman tranquilamente a cualquier hora del día y de la noche, por lo que podemos eliminar los problemas de la elección del horario.

En conclusión, se trata en cualquier caso de una imposición. La intención de las madres suele ser siempre fiel a las recomendaciones recibidas, y no podría ser de otra manera. Lo hacen con buenas intenciones, pero no es menos cierto que sigue siendo una imposición. Así, tendremos niños que la aceptarán tranquilamente, y otros que se rebelarán con todas sus fuerzas. Para todos será un verdadero cambio, drástico, inesperado y definitivo. Nada extraño que, para una parte de los niños, más o menos numerosa, pueda representar un trauma, tal y como subrayan los expertos en psicología infantil. Se plantean conceptos difíciles, como el dolor por el abandono del pecho como representación de la madre, los aspectos del placer sexual de la succión, y así sucesivamente. No lo discutiremos. No porque lo queramos desdeñar sino, simplemente, porque con lo que sabemos y podemos hacer, este riesgo, nosotros, no lo correremos.

El verdadero protagonista

Si esperamos la iniciativa del niño y, prácticamente, somos nosotros los que hacemos lo que él quiere, y no al revés, nunca ocurrirán las condiciones para que se realice una imposición. Será siempre a su libre elección. Algo que él decidirá hacer para su placer y no para el nuestro. ¿Cómo iba a sufrir? Y si sufriese, tendría la plena libertad de no hacerlo más.

Lo que hemos visto es un niño totalmente entusiasmado con su descubrimiento, que no podrá sino querer experimentarlo otra vez. Lo aterrado que estaba Baby con la perspectiva de perder su leche. Cuando el niño empieza a entender que ese hipotético juego es comida, y lo aprecia al continuar pidiéndolo a cada ocasión, no madura, al mismo tiempo, la intención de abandonar las tomas de leche. Esta posibilidad ni siquiera está cerca. Añade a lo agradable nuevo lo agradable viejo. Como buen hedonista, no deja que se le escape nada. No hay ninguna separación entre el antes y el después, ningún resentimiento, ninguna decisión sufrida, ninguna renuncia. Todo sigue como antes. Además, en el caso de un niño amamantado con leche materna, se pasa con lógica coherencia de la leche a la carta a los nuevos alimentos a la carta.

Incluso nosotros, los adultos, nos comportamos de la misma manera. Exigimos respeto por nuestras elecciones alimentarias, cualitativas y cuantitativas, y no toleramos insistencias e imposiciones. Somos nosotros los que decidimos autónomamente, excepto en caso de prescripción médica, los cambios en nuestra dieta, por curiosidad, por interés cultural o por imitar a otras personas. Pero no a una persona cualquiera. Tiene que tratarse de alguien que conocemos bien, del que nos fiamos, al que apreciamos y al que nos gustaría imitar. Si me topase con un vendedor de alimentos local en una callecita de una ciudad exótica, tendría mucho cuidado de no aceptar ni siquiera la menor degustación. Sin embargo, si me encontrase en la misma situación con un buen amigo en el que confío y él, o bien porque ya conoce esa comida o porque la prueba en ese momento, me asegura que está buena, probablemente la probaría; con cautela, pero lo haría.

De nuevo, tratad de imaginar que volvéis a casa, sabiendo que ese día os espera uno de vuestros platos preferidos, como de costumbre magníficamente cocinado, ya relamiéndoos con el gusto y el aroma, y también con la paz y la tranquilidad que normalmente os asegura para toda la noche, y sin embargo os encontráis con la sorpresa de quien cree que ha caído en otro mundo, un mejunje indefinible, incluso que hay que comérselo con palillos chinos. Que se os explicara o no por qué estáis obligados a engullirlo, vuestra reacción sería mucho más violenta que la de Baby.

El inicio

Los padres, para los niños, son como ese querido amigo en el que confiamos. Sin embargo, al contrario que con los amigos, su relación privilegiada con su hijo no se la tienen que ganar. Ya la tienen, bonita y confeccionada, desde el nacimiento del niño. El neonato parte del supuesto de que no puede sino confiar en quien empieza a cuidarle. No tiene otra opción. Normalmente, el padre y la madre son muy dignos de esta confianza gratuita. La naturaleza, también madre, ha arreglado las cosas de manera que, respetando los supuestos de un embarazo, un parto y un puerperio normales, los padres, la madre particularmente, no puedan hacer más que enamorarse locamente de su propio hijo y hacer todo, una cosa tras otra, correctamente.

El punto débil de todo el discurso es recurrir al vínculo de la normalidad, el concepto con el que he empezado mi alegato en el prólogo hablando de «un mundo normal». Si este vínculo no se respeta, salta todo el proyecto por los aires, la naturalidad se ha ido toda al traste, los padres ya no saben bien qué tienen que hacer, el niño ya no confía y empiezan los problemas. Esto vale para todo lo relativo a la vida con los propios hijos: lactancia, destete, educación, etc. Es la diferencia entre disfrutarlos y soportarlos. Probablemente es lo que le ha ocurrido a la madre de Baby, así como a la mayor parte de las madres de hoy en día.

En el pasado nos han enseñado, tanto a mí como a vosotros, que los niños son una bendición, pero imponen muchos sacrificios. Tiene que tratarse de una extraña manera de bendición, a menos que se escondan puntos extra para ganarse el paraíso. Probablemente se refería a un pasado aún más lejano cuando, precisamente porque se respetaba más a la madre naturaleza, con respecto a los supuestos esenciales para una supervivencia sin sufrimiento, padres e hijos eran más pobres pero más felices. Después, sumidos en el entusiasmo del progreso, hemos querido excedernos y hemos tirado al niño con el agua sucia. Eso es, en el legítimo esfuerzo por eliminar, a la luz de los nuevos conocimientos, todo lo equivocado que había en la tradición popular, no se ha prestado la suficiente atención a todo lo bueno que había y, considerándolo todo obsoleto y superado, no se ha dejado títere con cabeza. El embarazo se ha convertido en una enfermedad, el parto en un acontecimiento de riesgo, el neonato en un enfermo hasta que se demuestre lo contrario y la neomadre en una arrepentida, además de deprimida, a la que hay que quitarle el frágil y ruidoso hijo durante el tiempo necesario para que se recupere.

La madre guardián

La madre salía, y sale, del hospital profundamente convencida de su propia incompetencia. Su suerte ha sido que en el hospital, prácticamente, no ha tenido que pensar en nada. Solo acordarse de ser puntual a los horarios de las tomas en el nido. Si no hubiese sido por la disponibilidad y la gentileza del personal, tampoco habría sabido cómo tomar en brazos al niño, ni mucho menos amamantarlo. Y cambiarlo, y el baño, y el cordón, y los lloros, «oh Dios mío, los lloros», quién los habría podido soportar. Todos, amigos y familiares, le han hablado de los lloros, hasta la exaltación, que han observado más allá del cristal del nido de neonatología. No puede sino bendecir el nido, como no puede sino observar con cierta preocupación lo que le espera en casa. Tanto que bendeciría una ley que consintiese dejarlo en el hospital, confiado a manos expertas, y recogerlo cómodamente después de unas semanas sí, justo el tiempo de encontrar el valor suficiente.

Ahora le toca a ella. ¿Sabrá hacerlo bien? ¿Se acordará de todo lo que ha visto hacer y que han intentado enseñarle? ¿Y cómo hará ahora cuando el niño llore? Todos le han dicho que si está lleno y limpio, no lo tiene que tomar en brazos, que no tiene que darle caprichos, y ella se ha prometido hacerlo porque quiere ser una buena madre. Pero a la primera ocasión, inmediatamente, ha dudado. Trata de reflexionar con calma pero los razonamientos son dispersados por otros pensamientos. No precisamente pensamientos, porque no consigue expresarlos. Más bien una necesidad, una urgencia, una falta irrefrenable por hacer algo. Eso es, sí, tomarlo en brazos. Lo hace, sonriente, y funciona, el niño se calma, se relaja, se hace un ovillo entre sus brazos. Pero he aquí la razón que vuelve a aflorar para recordarle que se ha equivocado, que a ella le parece que ha encontrado la solución a un problema cuando, en realidad, lo está creando. Cierto, es verdad. ¿Cómo ha podido ser tan tonta y tan débil? Lo vuelve a dejar, arrepentida. Sin embargo, estaban muy bien los dos. Pero vuelve a empezar. Entonces concluye que es verdad, como se dice, que inmediatamente entienden que se pueden aprovechar, que son listos, que lo hacen adrede. ¿Qué puede hacer llegados a este punto, frente a un astuto zorro como este, sino tratar de resistir? Pero es duro, realmente duro. Esa urgencia le viene de nuevo, poderosa como el golpe de un huracán. Duda otra vez, vuelve a pensar en todos los consejos que ha recibido y se pregunta entonces cómo puede estar tan mal hecho algo tan hermoso. Va de una posible elección a otra, no sabe decidir, se siente sola, se maldice, sufre, y llora.

Este conflicto está claro en la cabeza de las madres pero, si no se resuelve rápidamente, pasa a un segundo plano ante las diferentes expresiones de incomodidad que de él se derivan y, a la larga, se olvida. Lo que permanece son solo los lugares comunes de la inexperiencia, de la dificultad de amamantar, de los cólicos, de las noches en blanco, de la astucia de los niños y de todo el trabajo que dan. Todo esto es absolutamente falso. Lo cual no quita que hacer de padres sea una obligación seria y que no hay que subestimar. Requiere atención, recursos y dedicación. Pero se parte del supuesto de que uno se ha querido convertir en padre. Como cuando se realiza una unión, la que sea, entre adultos; se hace porque se piensa obtener placer y ventajas, no porque se prevea sufrir. Después, incluso puede ocurrir que algo salga torcido, pero no es la norma. Si fuese así, desde el principio no se haría nada.

Con los niños también tenemos la ventaja de que no nos los encontramos delante como un producto terminado, susceptible de modificaciones sustanciales, tomarlo o dejarlo, como una pareja adulta. En un niño hay que construirlo casi todo. Casi, porque naturalmente su patrimonio genético lo condiciona, pero solo en parte. Es suficiente con pensar en las diferencias de carácter de los gemelos idénticos, que se vuelven aún más claras si crece cada uno en una familia diferente. Por tanto, depende de nosotros hacer de él el hombre en el que se convertirá. No crece por casualidad. El camino que tomará lo traza diariamente la familia, desde la concepción. Y los errores cometidos en los primeros meses y años de vida son los que dejarán las huellas más profundas y persistentes. La excesiva obligación por parte de los consultores familiares en las actividades de apoyo a los padres encuentra su justificación precisamente en la demostración científica de la verdad de estas afirmaciones. Al igual que como todo el movimiento internacional a favor de la lactancia materna y de una humanización de la asistencia a la madre y al niño en las estructuras hospitalarias.

Los padres padres

Normalizando todo el recorrido que va desde el embarazo hasta el nacimiento, y eliminando todos los estereotipos que se han estratificado sobre la imagen del neonato-lactante-niño, sin aspirar volver al paraíso terrenal, los padres resdecubren en su interior todas las competencias que la naturaleza les ha dado para que puedan estar en condiciones de acompañar a su propio hijo por el largo camino hacia la madurez. La familia sale del hospital con la confirmación de la normalidad prevista, y confiada en sus propias capacidades.

Las madres, y los padres, están muy felices de llevar encima a los hijos, de dormírselos cerca, de amamantarlos a petición y de llevarlos a dar un paseo en portabebés. Consiguen placer y ventajas porque los niños, al sentirse más seguros, lloran menos y se construyen una imagen del mundo más tranquila. Los buscan y los miman gratis, antes incluso de que el niño lo pida lloriqueando. Tratan de tenerlos cerca el máximo tiempo posible y jugar, algo compatible con las indiscutibles exigencias personales, porque son una compañía agradable. Si tienen que limitar la libertad de acción por motivos válidos, y no por un principio vago, lo hacen tranquilamente, incluso sabiendo que el niño llorará. Él no está en condiciones de evaluar sus intereses reales y es afortunado por tener a quien, sin abdicar de su función, juzga responsablemente por él. La madre sabe que siempre ha hecho lo máximo posible, no vive complejos de culpa y está segura de haber actuado de la mejor manera con su hijo. Si está bien ella, están bien los dos. Si está mal solo él, ella está mal. Si está mal ella, no está bien nadie.

El niño, a su vez, encuentra exactamente lo que se espera. Las previstas figuras de referencia, los padres, están ahí inmediatamente. Sobre todo la que, en ese momento por lo menos, más le importa que lo acoja, lo caliente y lo alimente. Él sabe lo que tiene que hacer. Toma un poco de aliento, se adapta, empieza a buscar el pecho, lo encuentra, se engancha a él, succiona, se calma, se relaja, se duerme. Un sueño largo, reparador, de quien sabe que todo ha ido como era debido, y no tiene motivos para pensar que no será así también en el futuro. Con su madre al lado, este nuevo lugar no le da ningún miedo. Cree que lo puede explorar y conquistar poco a poco.

¿Y las desilusiones, renuncias y sufrimientos? Por supuesto que las habrá. Sabemos cómo es la vida. Y uno, que desembarca en estas tierras estrujado como un trapo por el suelo, ¿queréis que no lo sepa? Sin embargo, es una aventura que tiene que afrontar solo, sin certezas de afecto y de protección, una aventura en compañía de un hada buena capaz de cualquier magia. Ocurre, es verdad, que le pueda decir que no. Pero lo hace con la dulzura de las hadas, y es tal el recuerdo de las magias pasadas que es fácil resignarse y olvidar. Y después hay tantas cosas buenas que hacer con ella que, una vez que entiende lo que quiere de él, estará muy contento de adaptarse a sus deseos. «A una como esta, ¿cómo se hace para decirle que no? Hay mucho que ganar. ¡Y cómo es de interesante y de agradable imitar lo que hace!» Pronto descubre que esto le hace ganarse sonrisas, mimos, aprecio y amor. Como buen oportunista, concluye que hacer lo que le enseñan sus padres le conviene. De esta manera obtiene más, y en cuanto a lo que renuncia, después de poco, ya no siente su falta. Por supuesto, no abandona sus necesarios intentos para imponerse a sus omnipotentes protectores. ¡Qué diantre! Él también tiene su orgullo. Y alguna vez, para su gran satisfacción, también le va bien. Pero si no se sale con la suya, no pierde tiempo en insistir. No vale la pena.

Estos dos recorridos, el de los padres y el del niño, no son utopías. Son absolutamente realizables mientras se respeten las premisas. A menudo no se experimentan, aunque espero equivocarme, precisamente por la visión distorsionada de las relaciones intrafamiliares que he descrito. Se puede partir con la mejor intención pero, si no se tienen claras cuáles son las exigencias vitales de madre, padre y neonato, al primer error inevitable uno se arriesga a tomar un camino sin retorno. Cometer errores, unos más, otros menos, algunos muchos, es inevitable. Es tan humano que una familia que mencione que no los ha cometido nunca, cuenta mentiras o es patológica. Lo importante no es no equivocarse, sino darse cuenta a tiempo y corregirse. De lo contrario, de un error nace otro error y el sucesivo siempre es más grande que el precedente. Por este motivo tenéis necesidad de estar bien informados o, mejor aún, de estar formados como padres. No porque os convirtáis en padres. En realidad, padres se nace, exactamente cuando se crea el niño. El problema son todos los envidiosos que quieren complicaros la vida.

La comida

Con alguna idea más sobre los mecanismos que condicionan la calidad de las relaciones entre los diferentes componentes de la familia, tendría que ser más fácil de entender que vuestra función en la alimentación de vuestro hijo va mucho más allá del escrupuloso seguimiento de indicaciones

La relación

nutricionales cualificadas. La clave de todo siempre sois vosotros, lo que hacéis y cómo lo hacéis, en la mesa y fuera de
ella. No podéis, ni tenéis, que ser perfectos. Sin embargo,
podéis y tenéis que tratar de obtener el máximo de vosotros
mismos. El que menos se equivoca es el que no se contenta y
siempre trata de mejorar. El que reconoce a tiempo sus propios errores es el que es consciente de que nunca se termina
de meter la pata. Una buena dosis de humildad es suficiente
para convertirse en padre autorizado. En su ausencia, uno
se convierte en padre autoritario. Al primero se le obedece
por el placer de obedecer, o por no disgustar: «Te obedezco
porque te quiero». Al segundo, por el miedo de no obedecer:
«Te obedezco porque te tengo miedo». Y a la larga el miedo
ya no es suficiente.

Como padres, sois el modelo natural para vuestros hijos
y lo que coméis vosotros no puede sino interesarles. Si sois
padres autorizados, su implicación se vuelve aún más profun-
da y duradera. Se ha demostrado que la influencia positiva de
una buena relación entre padres e hijos se hace notar incluso
en la edad de la adolescencia, precisamente cuando los impulsos hacia la autonomía se hacen más fuertes y las derivas
hacia dietas peligrosas más probables.

El ejemplo de los adultos de la familia ayuda a superar
la posible resistencia hacia la aceptación de alimentos desconocidos, como con frecuencia puede ocurrir hoy en día con
la globalización del mercado de los productos alimenticios.
Se trata de un comportamiento que naturalmente podemos
definir como defensivo. Una cautela del instinto hacia un alimento que podría ser nocivo. El niño duda, pero si el adulto
se lo come, él lo sigue. Sin embargo, tiene que ser un adulto

conocido, familiar, en el que confíe. Si se tratase de un extraño, el niño tomaría sus cautelas mostrando escaso interés por la novedad. Lo mismo puede ocurrir cuando más niños se encuentran compartiendo la misma mesa, sobre todo en las guarderías infantiles. El ejemplo de los demás, sus iguales, puede suscitar la misma atención que en casa, y el deseo de nuevas experiencias. Si ocurre que en familia el niño ha hecho su primera aproximación a los alimentos sólidos de una manera más o menos forzada, se dará una discrepancia de comportamiento entre el hogar y la guardería que desorientará a los padres. Será como encontrarse frente a dos niños diferentes. En casa es difícil hacer que se interese por su comida porque en ello, aparte de llenarse la tripa, no encuentra nada más. En la guardería está atento y deseoso, porque se dispara el muelle de la curiosidad y de la imitación.

Si no se logra la adecuada interpretación de los hechos, se arriesga uno a convertir la situación en algo realmente frustrante. Se le empiezan a atribuir al niño improbables sentimientos de rechazo hacia la madre y de preferencia por los educadores. O incluso de hostilidad, una absurda voluntad de hacer desprecios. La madre, en su necesaria ansia de protección, se pregunta por qué su hijo rechaza los alimentos, que necesita para sobrevivir, de sus manos y los acepta de extraños. Si lo hace, eso significa que no la quiere, que es un antipático, e incluso que lo hace a propósito. Volvemos otra vez a la concepción del niño como potencial fragua de cualquier maldad. Un prejuicio insostenible e indescriptible, ya que los niños son notablemente una bendición, pero un prejuicio no que está ahí, preparado para saltar a la primera dificultad en la relación. Es más que natural dejarse llevar por los sentimientos, y la duda sistemática es una parte necesaria del equipaje del buen padre, pero por encima de todo no cometamos el error de renunciar a la razón, y hay que proveerse con informaciones correctas. Buscadlas en las páginas web como os he sugerido al inicio de este libro.

El niño excluido

La manera en la que una mujer vive el parto y los primeros días de su estancia en el hospital condicionan fuertemente su futuro como madre. Para daros una indicación rápida, pensad que se ha demostrado que lo que ocurre en las primeras dos horas de vida del niño, y sobre todo consentir o no la natural, vital y recíproca búsqueda de acercamiento de madre e hijo, genera diferencias importantes en el estado de salud psicofísico de ambos, incluso a una distancia de muchos meses.

Y no nos olvidemos de que los mismos mecanismos que conducen al establecimiento del vínculo afectivo entre madre e hijo actúan, o se obstaculizan, de manera idéntica también en el padre. Su papel estereotipado como cabeza de

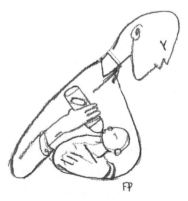

familia, garantizador del mantenimiento común, pero necesariamente apartado de los cuidados directos del niño, inadecuado, superfluo, y tal vez contraproducente como figura de referencia afectiva, así como encargado de emitir juicios y ordenar sanciones, brota precisamente de su tradicional exclusión del evento del nacimiento. El máximo de su participación con el niño se logró cuando, al ascender a la categoría de padrino útil para la emancipación de la madre de su papel tradicional de nodriza, se le consideró lo suficientemente adecuado como para sostener un biberón. Afortunadamente, las cosas están cambiando, pero es importante que esto ocurra de manera consciente. Al padre se le tiene que ayudar a descubrir tanto la equivalencia como la especificidad de su papel con respecto al de la madre. No tiene sentido y no da frutos querer hacer de padre moderno porque esté de moda o porque el hospital siga esa política. Para el padre, el recorrido también tiene que ser completo y empezar desde el inicio del embarazo.

Una pareja a la que no se haya ayudado a formarse en este sentido, si no tiene el respaldo de una buena experiencia familiar que la apoye, corre el serio riesgo, en la mejor de las hipótesis, de ponerse a la defensiva, privándose de la posibilidad de acoger en el progresivo desarrollo del niño el florecer de las cualidades y habilidades que constituyen la base de un destete natural. El niño sigue apareciendo, en esta óptica, más o menos lo que, entre las líneas de la asistencia sanitaria, se transparentó en el hospital: algo en vías de perpetua definición, complicado, frágil, problemático, incompetente, además de con irritantes maldades, asilado y desconectado del mundo, incomprensible, maleducado, molesto, agotado y, como si no fuera suficiente, sacrificado.

De los dos, es la madre la que tiene la mayor oportunidad para captar las señales que le permitirían desmentir ese terrible retrato, pero no es fácil remar contra la corriente del pensamiento dominante. La madre se da cuenta de que si ella habla, el pequeño se calma; sin embargo, duda y se pregunta si realmente oye. Se sorprende al ser observada por sus ojos que, además, la siguen si se desplaza lentamente, y le parece imposible que vea. Si ella sonríe, él le sonríe en respuesta, y no se convence de que pueda ser algo voluntario. En resumen, todo se interpreta de manera negativa.

Se vuelve muy normal acceder al consejo de que el niño se aleje lo máximo posible de la pareja, al considerar que, por un lado, no está en condiciones de disfrutar, digámoslo así, espiritualmente de la compañía de los adultos, sino solo para «ser mimado»; por otro lado, molesta tanto en la vida social que, hasta que la cosa cambie, es mejor que se quede solo. ¡Ni que fuese una serpiente venenosa a la que no hay que despertar! Su vida corre el peligro de fluir entre llantos exasperantes, y entre exasperantes y breves convulsiones, con ambiguas pausas de consolación. En una situación de este tipo, en la que, por consiguiente, se le mantiene lejos de la mesa familiar, no se da el contexto en el que el niño se estimule para mandar sus señales y si al final ocurriese esto, no se sentiría incluido y al no sentirse incluido, no estaría contento. Sus padres no lo conocen, no confían en él, tienen otras indicaciones precisas, más fiables que las extrañezas de un lactante. Para conocer a las personas es necesario tratarlas, darles nuestro tiempo y aceptar sus defectos para poder descubrir sus cualidades. Partir con un prejuicio solo prepara para el fracaso. La recomendación siempre es la misma: si encontráis problemas, dejad que os ayuden personas competentes. La solución existe. Para reducir al mínimo el peligro de encontrarlos, preparaos con tiempo. No esperéis a lo inevitable. Como he intentado explicar, este problema, realmente, podemos esperar olvidarlo.

Consejos para las compras

Cándida: ¡Tenemos que comer pescado!

Tranquilo: ¿Por qué? ¿No lo comemos ya?

C: No es suficiente. Hay que comerlo por lo menos tres veces a la semana.

T: ¿Tres veces? ¿Con lo que cuesta?

C: ¡Veo que antepones el vil dinero a la salud de tu hijo!

T: Depende de lo vil que sea el dinero, querida Cándida. De todas maneras, ¿estás bromeando?

C: De ningún modo, querido tío Gilito. ¿Ves? Está escrito aquí, en la revista *Pupi e Pupe, Poppe e Pappe.*

T: ¡Eso no es una revista! Es un monstruoso folleto ilustrativo con todas las ofertas especiales juntas de diez supermercados. Pero ¿no habías dejado de leerlo? Últimamente lo tirabas directamente al cubo de la basura. ¿Qué te ha pasado hoy?

C: Te enseño enseguida lo que me ha pasado. Mira en la portada: «Niños más inteligentes con el pescado. Desde los siete u ocho meses».

T: ¡Pero si desde que ha empezado a masticar acaba con los langostinos con tocino de Colonnata (Italia) y salpimentados con mejillones!

C: ¡Pero qué langostinos y mejillones! Las grasas omega 3 son necesarias. Caballa, sardinas, arenques.

T: ¡Cómete tú los arenques! ¡Y los omega 3!

C: ¡Por supuesto! ¡Y a ti nada! Así aún te vuelves más imbécil. Y yo y mi tesorito cada vez más inteligentes.

T: ¡Fenomenal! Vosotros los arenques, las sardinas y los omega 3, y yo los langostinos y la idiotez.

C: No quieres tomarme en serio. ¡Vamos, lee el artículo! ¡Mira! Incluso hay un asesoramiento del pediatra nutricionista.

T: ¿Y está todo eso en el pescado? Todo el alfabeto de las vitaminas y más minerales que en una acerería. Ya me noto el estómago lleno. Flúor, fósforo, calcio, hierro, zinc, molibdeno, cromo. Lo siento pero yo, el pescado, ya no me lo como.

C: El típico ignorante. ¿Sabes qué es lo que hace el molibdeno? Ayuda a desintoxicar. ¿Y el cromo? Previene las enfermedades que afectan al corazón. ¿Lo entiendes?

T: ¿De verdad? Claro que sí, sí. ¡Por supuesto! ¡Ahora lo entiendo! ¡Cándida! Tu hijo no necesita los omega 3.

C: ¿Y por qué?

T: Porque ya es muy inteligente. ¿Sabes por qué está siempre mordisqueando la pata del carrito de la televisión? Porque ha entendido que está cromada. Es un genio, ¿sabes? ¡Cómo su padre!

C: ¡Qué estupideces!

T: ¿Cómo que estupideces? Hemos razonado mucho sobre la capacidad de los niños para entender lo que necesitan, y ¿ahora me dices que no es posible?

C: Venga, va, que antes estaba bromeando con lo de los arenques.

T: ¡Ah! ¡Pues yo no bromeo para nada!

C: ¡Pero no me creo que confíes en ellos! Son charlatanes, confusos, interesados. ¡Mira aquí! ¡Lee! Primero te dicen que el pescado es más digerible porque es tierno y el pobre pequeño no tiene dientes, y después te lanzan ahí, sin opinión, que es mejor empezar con los liofilizados y los homogeneizados. Si es tierno, ¿para qué sirven? Y después, imagínate, si no lo amenazo, ¡es capaz de arrancarme un pezón con sus encías tan tiernas!

T: Ahora eres injusta. En cambio, a mí me parecen muy serios. Tendríamos que hacer una lista con todos los contenidos; así para todos los alimentos podremos sacar bien las cuentas de todas las sustancias nutritivas, vitaminas, minerales, ver las complementariedades, hacer las porciones equilibradas, elegir la mezcla adecuada y ser precisos, muy precisos. Tendría un programita en el ordenador en el momento preciso. Los niños son delicados. Se merecen estas atenciones. Y, además, yo me pensaría lo de los liofilizados.

C: ¿Qué? ¡Pero te has vuelto loco! Y quieres que yo también me vuelva loca.

T: Y mira lo que dice aquí: «Los crustáceos, como los bogavantes, los cangrejos y las langostas, desde los dos años para evitar el riesgo de alergias.» ¡Dios mío! ¡Los bogavantes y las langostas que hemos desperdiciado! Y piensa qué peligro le has hecho correr.

C: ¿Yo? ¡Pero si estábamos de acuerdo los dos! Y, además, nada de esto es verdad. Pero tú actúas así para tomarme el pelo. ¿Eh? Entonces, ¿sabes qué te digo? Nada de crustáceos para nadie hasta que tenga dos años.

T: ¡Pero yo no soy alérgico en absoluto!

C: Sí, pero si nos los comemos nosotros y él no, podría sufrir una grave frustración, encerrarse en sí mismo y entrar en una depresión.

T: Pero ¿qué podemos hacer por un poco de depresión? Le damos un poco de cromoterapia y yo me como las langostas.

C: ¿Todavía con el cromo? Pero ¿no le es suficiente el del carrito?

T: ¡Pero no ese! Cromoterapia en el sentido de terapia con el color. No te acuerdas, ¡está en la misma revista! ¿La especializada que, precisamente para la depresión, aconsejaba acostarlos con el meñique enfundado en un guante violeta?

C: No traigamos a cuento un infeliz pasado. *¡Stop!* ¡Nada de langostas! Cuestan demasiado.

T: Has comido demasiados arenques. Me quieres fastidiar.

C: ¡Estos te quieren fastidiar! No yo. La había abierto por ver si había cambiado alguna cosa. En cambio, cada vez más hipócritas. Recomiendan el pescado por las grasas que contiene y después te sugieren que empieces con las cualidades más finas. Pero si las grasas hacen tanto bien, ¿qué sentido tiene esperar? Y después el sabor delicado, sin aromas, solo hervido.

¡Pero no es un enfermo en absoluto! ¿Te acuerdas cómo acabó el lenguado hervido de la abuela?

T: Pues claro que no es un enfermo, ¡Cándida furiosa! Solo quería ver lo que habrías resistido.

C: Te has parado solo porque has temido por tus bogavantes.

T: Y por la langosta. Por lo menos por la que me deja. Tengo que confesar que, si hubiese sabido cómo acabaría, en vista de la competencia de su boquita, lo habría dejado encantado con el maíz y la tapioca. Tiene razón la revista. ¡Necesita sabores delicados!

C: Ni lo pienses. Si me imagino cuántas madres como yo se dejan embaucar por estas revistas, me pongo triste. Sé lo que pasa si les prestas atención.

T: Y si se salvan de las revistas, las remata la televisión. Nunca falta un gran profesor hablando. Si les haces caso, no tienes suficientes días en la semana para comer todo lo que te recomiendan.

C: Sin embargo, tú los ves.

T: Solo de pasada.

C: Será de pasada, pero te paras, incluso largo tiempo, ¡cuando hacen una de esas obscenas demostraciones de masajes con barro, mezclado con hierbas y otras porquerías sobre la espalda de alguna modelo!

T: Solo con espíritu crítico.

C: ¿En serio?

T: Yo siempre soy serio sobre estas cosas. Y no descuido los mensajes interesantes. Por ejemplo, ese del molibdeno me intriga. Suena atrevido. Intimida. Hablémosle a tu madre, así nos compra ella la langosta para tu hijo.

C: No te aproveches de las debilidades de una pobre abuela. Ella es capaz de creérselo. Y no te llenes la boca con palabras ampulosas y vacías de las que no sabes nada.

T: ¿Ah sí? Entonces veamos qué sabes tú del estroncio.

C: ¡Ja! ¡Ja! Es una ocurrencia de pésimo gusto, como de costumbre. Mejor que te la llenes con el molibdeno.

T: ¡Mira quién habla de pésimo gusto! No es una ocurrencia en absoluto. Es un mineral real, ¡importante! Mi abuela siempre hablaba de él. En sus tiempos se tomaba en serio.

C: ¡Pero si tu abuela apenas había ido a la escuela primaria!

T: Mi abuela lo conocía bien y estaba muy informada. Y también tendríamos que estar nosotros. También lo ha dicho la televisión.

C: Dime la verdad, me estás tomando el pelo.

T: Te he dicho que voy en serio.

C: ¿Y qué hacía este mineral según tu abuela?

T: Traía suerte.

C: ¿Qué? ¡Traía suerte! ¡Qué tonto! Pero ¿cómo, cuándo?

T: Por la calle. Cuando lo pisaba.

De la Teta
al Plato

VIVA LA IGNORANCIA

Menú fijo

Cándida y Tranquilo, felices ellos, se permiten el lujo de bromear sobre una cuestión muy seria: qué dar de comer a su hijo. Hasta ahora hemos hablado, más bien, de manera aproximada, y ya es hora de llegar a los casos puntuales. De hecho, os he aclarado que los niños, a la edad aproximada de seis meses, pueden comer exactamente lo que comen sus padres, sin limitaciones en el tipo de alimentos, cocción o condimento, siempre que se trate de un alimento y de una preparación gastronómica saludable. Para una mayor comodidad también podéis utilizar el criterio de vuestra experiencia personal o familiar con ese alimento, juzgándolo idóneo si nunca habéis sufrido consecuencias desagradables. En apariencia puede parecer un sistema un poco tosco pero, si consideramos que este es el procedimiento con el que, en el curso de la evolución, el hombre ha aprendido a distinguir lo que era comestible de lo que no lo era, y si añadimos la moderna disponibilidad de instrumentos para conservar y preparar los alimentos, resulta de una fiabilidad tranquilizadora. Si, a pesar de todo, os queda alguna duda, una eventual eliminación no provocará, por supuesto, un daño nutricional. Sin embargo, en el caso en el que se presentase con frecuencia un acontecimiento parecido, sería oportuno hacer una comprobación de vuestras capacidades como cocineros. No olvidéis que revalorizar la imitación precoz y sistemática de los padres es, por supuesto, una brisa saludable que acaba por fin con viejos problemas, pero también genera responsabilidades, delegadas hasta ahora en otras personas, los llamados expertos.

Al estar el destete basado en una afirmación específica de la alimentación del niño, las indicaciones tienen que venir necesariamente del exterior. Por regla general, estas indicaciones son meticulosas y vinculantes, muy particularizadas sobre qué y cómo prepararlo, y esto es tranquilizador para todos. No parecen impenetrables en absoluto, como las prescripciones de los medicamentos, pero, viniendo de un médico, tienen que tener por fuerza una complejidad recóndita. Tal vez es precisamente su apariencia de manifiesta incoherencia lo que induce a considerarlas como adecuadas. Al no conocer la lógica de la prescripción, para cada ajuste durante la preparación se llama al pediatra, a fin de añadir unas hojas de espinacas al caldo, o por el peligro de las galletas supertecnológicas. Sin embargo, después del año de vida empieza a aparecer un cierto cansancio a la hora de aceptar completamente esas recomendaciones. La complicación de la doble cocina, el interés de los niños, su aspecto más maduro, los costes de los productos especiales y la contraofensiva del sentido común minan progresivamente la solidez del ya frágil castillo de envases, hasta llegar al derrumbe definitivo. A una edad variable, normalmente no más allá del segundo año de vida, los padres se convencen de que se puede pasar tranquilamente a una dieta normal, que no puede ser otra que la que están siguiendo ellos mismos. En este punto, si tienen costumbres alimentarias adecuadas, no hay problemas: el niño pasará a otra dieta tan saludable como la anterior. Pero, en cambio, si en su familia la comida nunca se ha relacionado con la salud, sino solo con la necesidad de llenarse la tripa de manera más o menos agradable, el niño pasará de un régimen teóricamente perfecto a uno fatalmente defectuoso. En tal caso, todo el patrimonio de salud que había acumulado durante meses de meticulosa gestión nutricional lo perderá lentamente en los años de malnutrición que le esperan. Su destino como adulto está marcado. A menos que exista una posible toma de conciencia autónoma en el transcurso de la adolescencia, comerá mal y arriesgará su salud, como sus ignorantes padres. Tanto trabajo, tiempo y dinero, tirado a la basura.

Todos a la escuela

La conclusión es que no podéis descuidar en absoluto el hecho de aprender a alimentaros correctamente. Como he intentado explicar, la excusa de que,

aun siendo conscientes de que os equivocáis, nunca permitiréis que vuestros hijos cometan los mismos errores, no resiste la prueba de los hechos. Veremos, más bien, que los probables conflictos que se pueden originar de propósitos parecidos a menudo son la causa de otros problemas. No tenéis vías de salida. Nadie puede ocupar vuestro lugar. No podéis colocar en casa dos figuras contrarias cada vez que se come. Ni las demás figuras de referencia, abuelos y parientes varios, educadores de guardería y colegios, por más que tengan una influencia efectiva sobre el comportamiento del niño, nunca podrán llegar a compensar del todo los eventuales efectos negativos derivados de las experiencias que tienen con vosotros en casa. Sin contar que, ya que vuestras costumbres alimentarias se derivan precisamente de las de vuestros padres, actuales abuelos del niño, si tenéis problemas, por supuesto, no podrán ser ellos los que os ayuden.

Esta necesidad de conocimiento puede parecer extraña después de tantos discursos sobre el valor de la naturalidad y sobre el respeto al comportamiento espontáneo del niño. Sin embargo, si os acordáis, a menudo he subrayado que el funcionamiento de las capacidades individuales, físicas e intelectuales se realiza solo si nos mantenemos en el lugar en el que uno vive, se da a luz, se alimenta y se educa al niño, manteniéndose las características naturales que, desde tiempos muy lejanos, han acompañado la evolución de la vida en la Tierra, seres humanos incluidos. De una manera más simple, cada uno da el máximo en el lugar que conoce mejor. Un salvaje y un civilizado, con inteligencia semejante, introducidos cada uno en el medio ambiente del otro, ambos acabarían rápidamente mal. Un animal salvaje en libertad está en perfectas condiciones de procurarse alimentos y prosperar; sin embargo, recluido en una jaula se deprime, no se reproduce y se consume. Los seres humanos han modificado mucho su medio ambiente, con todas las innegables y vistosas ventajas que conocemos, pero también con algún deterioro poco llamativo, y no por esto menos dañino. El deterioro que aquí nos concierne es el que se refiere a las desastrosas consecuencias sobre la salud de una alimentación desordenada, acentuada por el estilo de vida actual, decididamente sedentario.

Nuestra estructura física está hecha fundamentalmente para moverse. Es una máquina en la que el chasis son los huesos, el motor los músculos, el depósito el hígado, los tubos de la gasolina las arterias, el carburador los pulmones, la parte eléctrica el cerebro y el carburante lo que comemos. Si estamos quietos, como una máquina que se deja sin utilizar, nos estropeamos. Sobre todo si seguimos llenándonos de alimentos inútiles que, al no quemarse, sobrecargan los órganos y obstruyen las arterias, llevando al mal funcionamiento de todo el sistema. Dicho de manera tosca: infartos, ictus, diabetes, tumores, etc. Todas son enfermedades que han existido desde siempre, pero que eran frecuentes solo en restringidos grupos sociales privilegiados. La masa del pueblo comía poco, escasos alimentos más baratos y, para conseguirlos, se tenía que trabajar todo el día o correr tras ellos con piedras y bastones. Se moría a los cuarenta años, de privaciones, de peste, de guerras, pero no de arteriosclerosis. Estoy de acuerdo con vosotros en que no es motivo para cambiar a aquello, pero ¿por qué no demostramos nuestra inteligencia superior, ahora que sabemos lo que es mejor?

Hoy en día, por lo menos hasta que dure, no tenemos problemas de disponibilidad de alimentos. Podemos elegir como queramos entre una infinidad de ellos, e incluso encontramos algunos desconocidos en las estanterías de los supermercados. Y también podemos decidir tomar la cantidad que queramos, si somos particularmente glotones.

Además, la mayor parte de nosotros, para no morir de hambre ya no tiene que correr detrás de los conejos ni hacer trabajos pesados desde la mañana hasta la noche. Nos movemos, todos, grandes y pequeños, trasportados en automóvil, en ascensor, en escaleras mecánicas. Caminar, correr, trepar, sudar de cansancio ya no son una necesidad sino, ahora, un pasatiempo o una prescripción médica. Y para ambos nunca encontramos tiempo. Para colmo, los niños, peor que nunca, zarandeados entre las diferentes olas de frío, de calor, de lluvia y de pedófilos, es mejor que se queden escondidos en casa delante de una televisión, tal vez con una bolsita de patatas en la mano, de esta manera son más buenos. Cada vez hay menos parques de juegos y cada vez están más lejos. Hace falta más tiempo para llegar hasta allí del que uno se queda en el parque, y no hay tiempo para ello. Un residual atisbo del sentido de responsabilidad y de la necesidad de adaptarse a las reglas de la convivencia social imponen la frecuencia, por lo menos un par de veces a la semana, de esas crianzas intensivas de campeones que hoy son piscinas y gimnasios.

A este cuadro de total desarraigo de las condiciones ambientales pacientemente construidas durante millones de años de historia del hombre, le tenemos que aportar necesariamente algún ajuste al enfoque exclusivamente natural de los alimentos. La actitud de comer lo que sea y tanto como se quiera no es lo más idóneo para las transformadas condiciones de vida actuales. En el pasado, la dificultad de encontrar comida impedía los excesos y obligaba a la variedad. Hoy en día, la fácil disponibilidad y las presiones sociales, como la prisa, la moda y el éxito, desprecian la moderación y promueven la monotonía de la dieta. Además, la reducción drástica del nivel de actividad física también nos ha despojado de compensación para las ocasionales exageraciones de los juerguistas.

De nuevo: dejad que os enseñen los pocos principios fundamentales de una alimentación saludable y utilizadlos para corregiros. Simple pero no fácil. Desarraigar costumbres arraigadas, del tipo que sean, es difícil por definición. Hace falta tiempo, paciencia y una fuerte convicción de hacerlo bien. Y esta, por supuesto, a vosotros no os falta; ahora sabéis que vuestras elecciones pueden ser decisivas para la salud de vuestro hijo durante toda su vida. Como he indicado anteriormente, esto no significa, en absoluto, renunciar a una cocina apetitosa y adherida a las tradiciones familiares y locales. Todo lo contrario. A menudo, la mejor calidad promueve la riqueza y la abundancia de los sabores. Obviamente, cuanto antes se empiece, mejor será. Un buen momento es, por ejemplo, durante los cursos de preparación al parto del niño, cuando, además de una fuerte motivación, también tenéis a disposición, para toda una larga serie de encuentros, personal específicamente competente.

Las fuentes de información

No sé dónde se han informado Cándida y Tranquilo, pero seguramente han excluido una de las fuentes en circulación que más despistan, la que se disfraza como una revista para las madres. Las informaciones que os podéis encontrar son correctas hasta donde no contradigan a los mensajes publicitarios, que ocupan, por lo general, más de la mitad de las páginas y que permiten a los que escriben en ellas ganarse la vida. Si os han caído entre las manos, no puede dejar de impresionaros esta exagerada redundancia de anuncios que hace que se parezcan a los programas de las fiestas del pueblo, donde para cada espectáculo hay dos páginas de patrocinadores.

La razón de fondo es que lo que más cuenta no es el contenido, sino la venta de los productos publicitados. No es que cuenten mentiras pero, al lado del artículo aceptable, o al final, o en los recuadros, encontráis el titulito que afina la puntería. Esquemáticamente: bla, bla, bla, mirad lo fácil que es darles de comer; sin embargo, si compráis el liofilizado «Agnellin» o «Psalmon», iréis más sobre seguro; siempre bla, bla, bla, pero lo digerible que es el *stracchino* (un queso cremoso de Lombardía); sin embargo, es más magro y saludable «su» quesito. Y así sucesivamente con la lista completa de lo que es inútil para los niños, desde las cremas refrescantes hasta los aceites salvadores, desde el agua milagrosa para mantener libre la naricita hasta los exterminadores de microbios inofensivos para tratar la ropa, desde las infusiones soporíferas hasta los suplementos para la lactancia.

Después, la credibilidad del contenido se refuerza por la abundancia de particulares técnicos vulgarizados, como los mecanismos fisiológicos y las composiciones químicas, de los que nadie guardará ningún recuerdo pero que, con su aureola científica, tratan de extender su validez a los enmascarados consejos para comprar.

El mismo engaño se perpetra en la mayor parte de las emisiones sobre salud que desfilan en la pantalla de la televisión, en las que, al igual que en las revistas, el único resultado concreto es el efecto publicitario. Esta vez el resultado de la aparición del ilustre profesor, único titular de una sensacional técnica diagnóstica o quirúrgica innovadora, será un incremento de pacientes en su consulta o clínica privada.

De este imponente flujo de información, en mi opinión, incorrecta, nunca he esperado nada positivo, y así ha sido. De hecho, creo que ha aumentado la confusión, en vista del incremento del consumo de vitaminas, suplementos, reguladores, etc. La insistente publicidad radio-televisiva de exóticas sustancias y heroicos fermentos lácteos, de nombres que recuerdan a sorprendentes empresas guerreras en nuestro intestino, son testimonio de un peligroso desplazamiento del interés del público hacia una solución médico-milagrosa de los problemas de salud.

La pirámide de los alimentos

La medicina, la única, la seria que estudia e investiga para nuestro interés, siempre ha combatido este tipo de actitud. No indica remedios absolutos, porque no hay nada absolutamente cierto. Sin embargo, se esfuerza por sacar conclusiones que estén lo más cerca posible de la verdad. No son muchas, pero sí lo mejor que tenemos a nuestra disposición hasta que se demuestre lo contrario. Una de ellas es la recomendación de alimentarse correctamente, porque estamos hechos de lo que comemos. Para alcanzar este objetivo no es preciso volverse especialistas. No es este vuestro papel, y no encontraréis nada que os empuje. Lo que necesitáis saber son unos pocos conceptos, lo suficientemente toscos como para ser manejados incluso en vuestras manos de aprendices. Tratar de saber más confunde, porque siempre quedará algo que, como ignorantes, no sabréis explicar. Entonces escucharéis la necesidad de profundizar más allá de los libros, tal vez en las tristemente célebres enciclopedias médicas o en Internet, desbordante de las más extravagantes e incontrolables nociones sobre salud. Y ello seguirá sin ser suficiente, porque difícilmente tendréis posibilidad de interactuar con la fuente para aclarar las nuevas dudas, entonces maldeciréis vuestra ignorancia y os preguntaréis cómo hacen los médicos para saber tantas cosas.

Os revelaré un secreto: no las sabemos. Es decir, por lo menos yo no lo sé todo. Humanamente, sé lo que me sirve en el momento y en las situaciones más comunes; el resto, cuando lo necesito, lo voy a buscar a los libros o a Internet, que siempre es un libro. La diferencia con respecto a vosotros es que la preparación que he recibido me permite distinguir con facilidad los libros y los sitios falsos de los creíbles y extraer de todo ello las conclusiones. Es mi trabajo. Os lo ruego, no me lo robéis. No lo digo por mí, sino por vosotros. Es peligroso. Corréis peligro de ser arrastrados hacia un remolino sin fondo. Pero, ¡por el amor de Dios!, cada uno es libre de hacer lo que quiera. Yo os he avisado.

Un buen ejemplo de una alimentación correcta es la que ofrece la conocida como la pirámide de los alimentos. No es indispensable conocerla, pero está tan extendida que cuando vuestro hijo vaya al colegio, seguramente la aprenderá y, en una sacrosanta instigación de la maestra, os la aireará bajo la nariz como si fuese un monitor severo para enderezar vuestras pésimas inclinaciones nutricionales. Estaréis de acuerdo conmigo en que no es bueno dejarse pillar por sorpresa y privaros de la satisfacción de demostrar que vosotros, de esa pirámide, conocéis vida, muerte, milagros e incluso al propio faraón.

Si sabéis moveros en Internet, os bastará con teclearla en cualquier motor de búsqueda y encontraréis de todos los tipos. De lo contrario, tenéis que imaginar una pirámide real, hueca en su interior y dividida, por lo menos la original que os propongo para que quedéis bien con los amigos, en seis pisos y un sótano. En cada piso hay un pequeño almacén lleno de alimentos. Cuanto más se sube, más se empequeñecen los pequeños almacenes, hasta llegar al vértice, que hospeda al más minúsculo de todos. La pirámide, con sus pequeños almacenes, representa las proporciones, supuestamente correctas, de entre los diferentes tipos de alimentos que se recomienda consumir a diario. Su objetivo es garantizar que, pescando entre todos los alimentos, se consiga aportar a nuestro organismo todo lo que necesita. De esta manera, objetivamente, cada alimento se vuelve fundamental, y una zanahoria es tan importante como un bistec.

Hasta el destete, los niños no tienen este problema porque su único alimento está perfectamente equilibrado y mantiene constante su composición. Pero, inmediatamente después, con la disminución progresiva de la cantidad de leche succionada, los nuevos alimentos se tienen que elegir de tal modo que su mezcla garantice no solo el mismo aporte nutricional equilibrado, sino también el que ahora necesita el niño, que va más allá del de la leche, pues ese es además el objetivo nutricional de los alimentos sólidos.

Por lo tanto, entramos en la pirámide. En el primer piso, el más grande de todos, encontramos cereales integrales y aceites vegetales (oliva, soja, maíz, etc.). En el segundo piso, verduras y frutas. En el tercero, legumbres, nueces, avellanas, cacahuetes y similares. En el cuarto, y ya se empieza a estrechar, pescado, pollo y huevos. En el quinto, leche y derivados. En el sexto, ¡cuidado con la cabeza!, carnes rojas, mantequilla, dulces y, novedad absoluta: arroz blanco, pasta y patatas. ¿Qué nos dice, toscamente, esta pirámide? Si intentamos dividirla por la mitad, vemos que las tres primeras plantas representan casi los dos tercios de nuestra comida diaria, y se llenan de alimentos exclusivamente vegetales. Las tres plantas más altas, las más pequeñas, que constituyen el tercio restante, contienen alimentos de origen animal más una cuota de alimentos de origen vegetal de aproximadamente el 70%. Aún de una manera más tosca, se puede afirmar que la tan alabada y sustanciosa carne, roja o blanca, no tendría que superar las dos o tres porciones a la semana, para dejar un lugar al pescado y otro a los huevos.

Si os estáis lamentando, tenéis mucha razón. Cuando era niño, llorábamos, o mejor dicho, nos obligaban a hacerlo, porque Italia era el país europeo en el que se comía menos carne. Ahora que nos hemos puesto al mismo nivel, nos vienen a decir que nos hemos equivocado, y que tenemos que volver hacia atrás. Solo porque, mientras tanto, se ha entendido que demasiada carne hace daño, y que lo que es bueno es comer pan y pasta, preferiblemente integrales, muchas verduras y legumbres y aliñar con aceite de oliva. Y la han llamado «dieta mediterránea». No precisamente porque de manera difundida se practicase en nuestro país, sino solo porque sus productos clave se hallan en el área de los países mediterráneos como principales productores. La única particularidad del niño, en esta imposición, es la ventaja de que puede disfrutar de la leche hasta los dos o tres años. No es precisamente esencial, porque se puede reemplazar por una elección atenta de otros alimentos, pero sí cómodo. Por otra parte, en un contexto natural, protegido de las tantas agresiones descritas, un niño amamantado con leche materna toma tranquila y ventajosamente su leche hasta esa edad. En contra de lo que dicen las malas lenguas, la leche humana sigue siendo indiscutiblemente, de por vida, el mejor alimento disponible. En este caso también podemos tomarlo como modelo.

En general, nada que sea particularmente complicado de entender y de realizar, excepto por las citadas dificultades comprensibles que hay que eliminar. Puede ayudaros, además de vuestro sentido de la responsabilidad, el hecho de que nuestro organismo no es tan puntilloso como la pirámide de los alimentos parece sugerir. Un solo error, incluso tosco, lo compensa bien. Un pequeño error, incluso sistemático, también. Lo que le interesa es que no se cometan errores toscos y al mismo tiempo sistemáticos. De otra manera tendremos que esperar problemas ante cualquier pequeña anulación de las recomendaciones oficiales, pues además de inútiles, es prácticamente imposible conseguir atenerse a ellas con precisión y continuidad. En la práctica, el error tosco sistemático está representado por la exclusión total, o casi, de la dieta, de más de una de las categorías de alimentos de la pirámide. Por ejemplo, la dieta ovolactovegetariana, es decir, con la única exclusión de la carne, de tierra, mar o aire, no conlleva ningún riesgo de carencia nutricional. Por el contrario, si se excluye todo alimento de origen animal, incluidos la leche y los huevos, como en la dieta vegana, los nutricionistas recomiendan cautela a los adultos y la desaconsejan fuertemente a un organismo en crecimiento como el del niño.

Dicho esto, está dicho todo. Cada uno hará sus elecciones. Más no hace falta saber. Huid de adentraros en el enredo de datos sobre proteínas, vitaminas, sales minerales, grasas nobles e innobles, antioxidantes, anticorrosivos, y así sucesivamente. No perdáis tiempo en escuchar a quien lo predica desde cualquier púlpito. Las pequeñas particularidades os arruinarán la vida como, a una cierta edad, notar demasiado las arrugas en los rostros de los seres queridos; mejor quitarse las gafas. Preocupémonos solo por mantener la suficiente variedad en la dieta, exijamos que lo que se compra esté controlado por quien debe y no arruinemos los alimentos con una pésima cocción.

Después de dar tantas vueltas por los pisos de la pirámide, nos hemos olvidado de visitar el sótano que, al formar parte de los cimientos, es el lugar más amplio de todos. A diferencia de los demás, está completamente vacío. Apuesto a que esperabais encontrar alguna sorpresita que os compensase el trastorno anterior. En cambio, es mucho más. Representa el espacio reservado y debido a la actividad física, ese componente esencial para nuestro bienestar. Por esencial se entiende precisamente que no se puede prescindir de ello; de lo contrario, se desequilibra el sistema. En la economía general de los diferentes aparatos, está previsto que se consuman calorías con la actividad muscular. Si esto no ocurre, se acumula grasa, y este fenómeno se tolera sin daños solo si no supera determinados niveles, más allá de los cuales se enferma. Si tratamos de no engordar introduciendo solo menos alimentos, estamos obligados a llegar a cantidades tan reducidas como para poner en riesgo el aporte de sustancias nutritivas esenciales. Por lo tanto, tenemos que movernos, sin fanatismos, pero de manera asidua.

Y el que no bebe conmigo...

Por fin podemos salir definitivamente de la pirámide. ¡Mira, mira lo que encontramos! El vino. Bueno, hemos hecho un buen trabajo y nos merecemos un buen trago. Quién sabe por qué se ha dejado fuera. Será porque nos ocupamos de niños y, por supuesto, las bebidas alcohólicas no están indicadas a esa edad. Aunque, en realidad, el exceso de alco-

hol etílico no es recomendable a ninguna edad. En cambio, una cantidad moderada, sobre todo de vino tinto, parece que decididamente es buena, ya sea por el poco alcohol que contiene o porque algunas sustancias de nombre muy extraño, que os ahorro, parece que son beneficiosas para las arterias. Siempre las benditas arterias. El niño, por fortuna, si lo hemos alimentado bien, las arterias las tiene perfectamente desobstruidas y, por lo tanto, el sorbo de vino tinto se lo podemos ahorrar. Mejor para nosotros. Pero, si nos lo pidiese, ¿qué tenemos que hacer? Hay quien ha demostrado que prohibir no hace sino aumentar el riesgo de generar una peligrosa atracción y aconseja, por este motivo, conceder sin conceder, como un dedo solo humedecido de vino, como también de café, si se diese el caso. En resumen, te contento, no criminalizo hipócritamente una tradición cultural, no te hago daño y te transmito reglas de vida. Al considerar que una cantidad mínima de alcohol se encuentra en algunos dulces industriales y en algunos medicamentos, podría no ser una mala idea para enseñar conscientemente el autocontrol. Hacedlo si queréis. Yo no os he dicho nada.

Por unos gramos de más

Cándida: ¡Mamá! ¡Papá! ¿Qué hacéis aquí? Pero ¿qué está pasando?

Abuelos: ¿Quieres saber lo que está pasando?

C: ¡Por supuesto que lo quiero saber! ¿Qué estáis haciendo? Tú también, papá, ¿ahora te metes?

A: Solo todo lo que no haces tú.

C: Pero ¿os habéis vuelto completamente locos? Señor, no me lo puedo creer. Dame ese maldito plato. Gracias por vuestra colaboración, pero ahora lo hago yo.

A: ¡Sí, déjalo morir de hambre!

C: ¿Qué yo lo dejo morir de hambre? Conmigo come sin hacer historias.

A: ¿Y lo llamas comer? No sé cómo se mantiene en pie.

C: Come lo que necesita y rápido, gracias a Dios.

A: Para tu comodidad, por supuesto. ¿Y en él no piensas? Necesita algo con sustancia, adecuado para un niño, no lasaña con setas.

C: ¡Por eso os he pillado a esta hora! Le has dado de comer antes. ¿Qué le has preparado, que ni siquiera lo he mirado? ¡Pero qué diantre! ¡Mamá! ¿Qué es esto? ¿Has vuelto a comprar homogeneizados? ¿Por qué me tengo que ver en esta situación?

A: Tú, Cándida, creciste y engordaste con los homogeneizados. ¿Te puedes quejar? Y te los di hasta que fue necesario.

C: Te habrás desangrado, porque todavía tengo un vívido recuerdo.

A: En mis tiempos no se pensaba. Yo por ti estaba preparada para hacer cualquier sacrificio. No es como hoy, que hacéis de padres modernos y os falta poco para hacerlo comer en el cuenco del perro.

C: ¡Ah! Si es por eso, ya lo ha probado. Es más, tiene que haberlo conseguido porque lo he visto muy satisfecho.

A: ¡Me quieres hacer explotar! Pero ¿no te das cuenta de la responsabilidad que tienes con respecto a esta criatura?

C: Más de lo que te puedas imaginar. De otro modo, no estaría aquí discutiendo contigo. Y tú, papá, aparta ese sonajero. Esta vez te has traído ayuda, ¿eh?

A: Solo he hecho mi trabajo, y él el suyo. Por lo menos, después de que siempre te da la razón, él también se da cuenta de cómo están las cosas. Los niños te pueden volver loco.

De la Teta al Plato

C: Empiezo a creerlo yo también, después de haberlo visto con un sonajero en la mano y la cacerola en la cabeza, gritando y saltando como un oso en la feria.

A: Tu hijo es como tú de pequeña. Si no se hace de esta manera, no come. A ti siempre te hacía falta más de una hora para acabar, masticabas con una lentitud exasperante, con ese trozo que siempre estaba ahí, y yo contándote que había muchos caballitos que saltaban a la boca, pero al final la abrías y, amm, uno por la mamá, amm, uno por el papá, amm, uno por...

C: ¿Tenías suficiente con todos los inquilinos del edificio, mamá? ¿O estallaba antes?

A: Tú tómale el pelo a tu madre, ¡por favor! Yo sé lo que he sufrido para que crecieras. Eras tan pequeña, siempre por debajo del peso, se te contaban las costillas, y tan vivaz y rebelde... La única manera de hacerte comer algo era distraerte con juegos, cancioncitas, la televisión...

C: Y una manada de caballitos.

A: Sí, los caballitos. Siempre te reías con los caballitos. Eras tan guapa, con los hoyuelos y los tirabuzones rubios, y...

C: Sí, y he aprendido a comer trufas de casada. ¡Buen resultado! ¡Ahora no te pongas a llorar! Escucha, mamá, no es que te quiera regañar, te quiero mucho y te entiendo, pero hoy en día las cosas son un poco diferentes. Incluso he intentado explicártelo, pero tú ni siquiera me escuchas. Te has convencido de que conseguirás algo de esta manera, pero solo me lo confundes.

A: Y faltaría más que me regañases. Después de que estoy aquí para tu comodidad.

C: ¿Para mi comodidad? Pero ¿qué dices? Si me gasto una fortuna con la canguro, con la maldita guardería que me cierra los sábados. ¡Ya! Pero ¿dónde está la canguro? ¿No la habréis echado?

A: De todas maneras no sabe hacer nada. Los he encontrado en la mesa, ella que se llenaba, y él que miraba la lasaña como si fuera transparente.

C: Y entonces has pensado en ponerle remedio. Y apuesto a que te lo has traído todo. Era un golpe premeditado.

A: Me di cuenta hace mucho tiempo de que el niño se había vuelto desganado y apático. Ya desde el día de su cumpleaños. Pero creía que era el efecto de la confusión. Sin embargo, ha continuado, y como sé que a ti no te importa nada, por supuesto no me podía quedar sin hacer nada y ver cómo se consumía. He intentado hacer algo.

C: Pero ¡entonces eras precisamente tú la que estaba en los jardines corriendo tras él con la cuchara en la mano y el yogur! ¡Y yo que cuando me lo dijeron no me lo quería creer!

A: Bueno, ¿qué mal hay en que me preocupe de mi propio nieto? Soy la abuela, ¿no?

C: Pero ¿te parece que soy tan inconsciente como para no preocuparme de si algo no va bien?

A: No he dicho eso. Solo quiero decir que no le das la debida importancia. Yo tengo más experiencia que tú y he visto demasiadas situaciones descuidadas y que han terminado mal. Los niños pierden interés por la comida, se cansan, necesitan cambiar, es necesario estarles detrás, probar, perder tiempo.

C: Tú tienes que haber perdido mucho para preparar todas estas cosas que has dejado en la cocina.

De la Teta al Plato

A: Solo son dos o tres cositas digeribles que seguro que le gustan.

C: Ya veo lo que le gustan. La primera aún está toda en el plato. Y seguro que llevas una hora aquí probando.

A: ¡No es verdad! Solo cuarenta minutos.

C: ¿Y te crees que lo vas a comprar con un menú de degustación? Te aseguro que, en este campo, es mucho más inteligente que nosotros. Escucha, cuando tiene hambre de verdad, un plato de esta cosa se lo termina en diez minutos, y míralo ahora, aún tiene el primer trozo aparcado debajo de la mejilla.

A: Es un granuja, y lo hace aposta. Pero la manera de camelarlo, yo la encuentro, como te camelaba a ti.

C: Mamá, de lo que he aprendido observando a alguna pobre desgraciada de mis amigas, dudo que tú pudieras haberme camelado a mí, o que puedas camelarlo a él. Si lo intentamos, te aseguro que nos camelamos solas.

LOS MESES PASAN...

... y los hijos crecen

Tenemos que reconocer, precisamente, que Cándida y Tranquilo, en la algarabía de recetas, lecturas y consejos en la que se han visto envueltos desde el inicio de su experiencia como padres, se las han apañado bastante bien. Su capacidad de volver a meterse en el carril tras cada derrape ha sido verdaderamente encomiable. Normalmente, las cosas van de una manera diferente. La espiral de errores en este campo es difícil de controlar, y una vez que

han empezado es raro que se disuelvan del todo o que se detengan en un tiempo breve.

La madre de Cándida, a pesar de que seguramente haya tenido oportunidad de discutir con su hija y de redefinir los diferentes aspectos clave que conciernen a la alimentación de su nieto desde la lactancia, no consigue liberarse de los lazos de su experiencia pasada. El vivo recuerdo de las dificultades vividas y la involuntaria admisión del jaque sufrido no son suficientes para alterarla y para que admita que, probablemente, su estrategia ha fracasado. Ninguna madre estará nunca dispuesta a reconocer, sin más, que ha fracasado en un terreno tan sensible y primordial, tan intrínseco en su función, ni siquiera ante razonamientos sólidos y lineales. La única manera de salvarse de esta trampa es no caer en ella. Y para no caer, normalmente, es suficiente con informarse o haber nacido en otra época.

Lo que puede ocurrir, tampoco tan inusual, es que un niño bien encaminado a lo largo de su recorrido de integración alimentaria empiece a dar señales de que ya no le gusta la misma cantidad de alimentos a los que se había acostumbrado. En la práctica ya no se termina sus habituales porciones, después cada vez se deja más y por último, de manera ocasional, incluso se salta la comida. Entenderéis que en un clima de obligaciones establecidas, con respecto a las porciones recomendadas, esto representa una verdadera tragedia. Si el niño estuviese enfermo, se le perdonaría, aunque no se le absolvería. Dado que en cambio está perfectamente, la explicación inmediata es que, como todos saben y dicen, corrompido por el tiempo y por las excesivas atenciones, haya aborrecido la cocina casera y tenga la intención de, con su rechazo, comunicar su aspiración a una dieta un poquito más interesante. Los febriles intentos que le siguen, como norma, surten un efecto transitorio, apoyado por el espacio de una o dos comidas por curiosidad, para después volver a encontrarse otra vez donde al principio. Se buscan en cualquier parte recetas innovadoras que consigan minar la resistencia del niño. Las abuelas, pobrecitas, están en la primera fila, seguidas de las amigas, de las vecinas y de quien quiera que tenga un mínimo de experiencia en ese campo. El niño tal vez coma, pero siempre poco y, pudiendo elegir, solo tendrá una reducida gama de alimentos entre sus preferidos. Para que coma, que coma lo que quiera. La previsible serie de fracasos empieza a preocupar. Estará malcriado y será un caprichoso pero, si sigue sin comer, hay que preocuparse. Puede dejar de crecer, se debilita, se consume y, aunque uno no se atreve nunca a decirlo, sin comer no se vive. Entonces se concluye que sufre esa común enfermedad infantil, que solo se manifiesta en las comidas, conocida como desgana. Ni siquiera se trata de explicar por qué el niño, aparentemente sano, ya no intenta comer como antes. Simplemente, se sabe, los niños lo hacen, aún no entienden, y son los adultos responsables los que tienen que decidir, como en tantas otras situaciones, porque, «si dependiese de él, no comería nunca».

Cuatro saltos en familia

Al no haber sido suficientes los halagos gastronómicos, se pasa a los trucos. Se pone azúcar en los platos, se alterna un trozo de comida que le gusta con uno de comida más sustanciosa, se preparan platos muy cargados de nutrientes y con sabroso parmesano o la comida se transforma de manera gradual en un juego, hasta representar una verdadera comedia musical, interpretada por los diferentes familiares, amigas, vecinas, como las comidas del Rey Sol, convencidos de poder engatusar a ese pobre inconsciente.

Será de todo menos un pobre inconsciente. Aunque hasta ese momento haya sido todo un camino de rosas; frente a un comportamiento tan cambiado de sus familiares, incoherente e irracional, el supuesto irresponsable, más que desconcertado, lo que está es francamente alarmado. Los ve cada vez, en relación con la comida, agitarse, hacer carantoñas, calmarlo de cualquier manera posible. De esto no puede estar sino contento y, después de algún tiempo, concluye, de una manera muy infantil, pero que no puede ser de otra manera, que es una bonita novedad que, espera, continúe asociándose a cada comida. Sabéis cómo están hechos los niños: si poco a poco

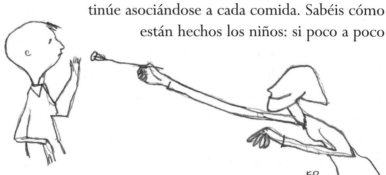

los acostumbráis a algo, después ya no lo quieren soltar, incluso lo exigen. Y precisamente es lo que ocurre. Él sigue picando como antes, ni más ni menos, muy contento con el espectáculo, y feliz de que también sus familiares se diviertan tanto. Y al ver la escenita desde fuera, ¿quién podría negarlo? No hagáis caso a quien atribuye la responsabilidad de todo este esfuerzo empresarial artístico a absurdas pretensiones del niño. Él no puede darse cuenta en lo más mínimo pero, si fuese capaz, probablemente se preguntaría qué diantre le ha pasado a su familia, para inducirlos a cansarse tanto y a armar tanto jaleo para convencerlo de que se coma lo que se habría comido igualmente, sin que nadie se molestase. En la práctica hace, confiado y sumiso, solo lo que se le pide.

La guerra civil

Sin embargo, no dura porque la familia, comprensiblemente, todavía no va bien. Algo se obtiene, pero no es suficiente para calmar las ansias, reforzadas por las confirmaciones de inadecuación que pueden venir del asesoramiento de algún experto. Se trata de tapar las hipotéticas deficiencias nutricionales con alimentos industriales supervitaminizados, misteriosos reconstituyentes, fermentos lácteos y suplementos naturales, insistiendo en los esfuerzos encaminados a derrumbar al enemigo. Sí, porque, al final, este es precisamente el riesgo: que el niño se vea como un desagradecido, un traidor, un amoral, un tirano siniestro manipulador de todos los que le quieren. No se dice o, si se dice, se hace bromeando, pero los hechos son coherentes con los pensamientos. Empiezan las amenazas, los forcejeos, los vómitos, los lloros de madre e hijo, los rebotes de culpas y las peleas de padre y madre (y abuelas), y el problema de la comida predomina en toda la vida familiar. Se despierta uno por la mañana preguntándose si el niño comerá ese día; cuando se lo va a recoger a la guardería, lo único que se pregunta es si ha comido y cuándo ha comido; la marca de la deshonra que se lleva encima connota negativamente todo lo que hace, hasta que en la cena se descargan todas las tensiones del día, y uno se va a dormir atormentándose sobre las posibles estrategias que se pueden utilizar al día siguiente.

Los niños advierten claramente la hostilidad en sus enfrentamientos. Se asustan un poco, se rebelan un poco. Al no poder ayunar, el instinto de supervivencia aún es demasiado fuerte, se acostumbran a comer el mínimo indispensable, con una elección arriesgada de alimentos, extraña y a menudo del todo inadecuada, fruto de la casualidad. La pasta es la que tiene la mayor probabilidad de salvarse, por la simple razón de que llega antes y disfruta, por este motivo, del privilegio de satisfacer ese poco apetito que ha quedado. Y aún va mejor si es la pasta que se ha preparado para todos, porque ocurre que también el niño, en la inocente confusión en la que se encuentra, exige y obtiene una pasta especial, semicruda o supercocida, blanca o verde, solo espaguetis o solo la de la abuela, y así sucesivamente. En lo que respecta al resto, yace miserablemente bajo la inmensa pila de escombros de la pirámide, con raros encuentros y con la excepción de los dulces, que al estar ellos también, como la pasta no integral, almacenados en el último piso, tienen alguna probabilidad de ser individualizados y elegidos. El tenaz apego al pecho o al biberón salvan el tinglado por un pelo.

El superviviente

Este es el dramático efecto de la verdadera y justa guerra que se ha declarado y de la que, como de costumbre, todos se echan la culpa de manera recíproca. Un régimen dietético malogrado, engorroso, agotado, que ilusiona a la familia porque, de todas maneras, permite un crecimiento cuantitativo, en apariencia, normal. Pero, puesto que los errores son sistemáticos y toscos, el crecimiento se verá cualitativamente alterado, y con escasas probabilidades de recuperación, vista la decidida persistencia de las costumbres alimentarias adquiridas en la edad evolutiva hasta la edad adulta.

Un testimonio de este legado son las tantas aversiones hacia alimentos particulares, como el queso o las verduras a trozos, que los adultos identifican como inexplicables, solo porque no pueden recordar las tantas batallas libradas en ese terreno cuando eran niños. Así como la difusión del estreñimiento ligado a la rareza de hortalizas y legumbres en nuestra mesa. En el cuadro descrito, las verduras, pobrecitas, representan la víctima designada porque al no ser, al contrario que la pasta, la comida nacional, tan sustanciosa  en las comparaciones de un niño consumido, llegan a la mesa las últimas, cuando ya no hay ni una pizca de apetito y el cuerpo a cuerpo es más sangriento. ¿Quién podría quererlas con experiencias parecidas?

Hay quien se ha tomado la molestia de dar dignidad científica a estas conclusiones intuitivas, poniendo a prueba en varios experimentos, con todos los tipos de alimentos, los dos diferentes estilos, el de la completa confianza en el niño y el represivo, digámoslo así, paternalista. Otra vez, los resultados dan la razón a los niños y a los padres autorizados, y no a los autoritarios. Los niños no obligados comen de buena gana hortalizas y legumbres de todos los tipos, hasta volverse golosos, como con algún otro alimento. Destino parecido para la fruta, que aún llega después, y que tiene la ventaja de ser dulce, pero no lo suficiente como para convencer a un niño superlleno. He aquí el truco: nada de masticar, solo beber o succionar (¡oh, que buenos recuerdos de los tiempos pasados!), y con la traicionera añadidura de mucho, mucho azúcar, que haría vomitar incluso a una abeja. Si después mezclamos la leche, o el yogur, con la fruta azucarada y tal vez, ¡al demonio con la avaricia!, también algún bífidus sorprendente, nos cargamos toda la línea, en el sentido de que terminamos por estropearle la salud. Los padres, un poco apurados y engañados por una publicidad fraudulenta, piensan incluso que lo hacen bien. En realidad, sin hacerlo demasiado largo, de ahí a la comida basura, el paso es breve.

Lo que he descrito, basándome en las historias que han contado padres como vosotros, es seguramente el peor escenario, pero no creáis que es tan raro. A menudo, en el intercambio de ideas entre las madres, la gravedad de la situación es solo una sombra. Se presenta el caso a las amigas para recibir ayuda, pero sin tener el valor de pedirla, y se evita que emerja el profundo disgusto que se vive. La difusión real del problema se demuestra por la tan frecuente afirmación de las madres, cuyos hijos no están casi nunca interesados por la comida, a menos que se trate, claro, de la conocida como la comida «basura». Por lo tanto, ¿todos aspirantes a suicidas? ¿Todos incompetentes eméritos? ¿O todos incomprensiblemente enfermos?

El apetito

No es imaginable que un niño, que hasta ese momento, digamos diez o doce meses, se ha alimentado siempre a gusto, ha apreciado cualquier comida y ha crecido de manera normal, pueda decidir, alegremente y sin razón, hacerse daño ayunando. No puede, si ayuna porque está enfermo, presentar manifestación alguna de su extraña enfermedad, ya que todos se preguntan sorprendidos cómo puede estar tan saludable. La razón sugeriría, un poco temerosa del pensamiento común, que precisamente la esencia, y no solo la apariencia, es la de uno que está bien, y que no es posible ni que esté enfermo ni que esté ayunando. Y tampoco que esté comiendo poco como las madres desesperadas que consultan al pediatra se dan prisa en precisar cuando la báscula, despiadadamente, las desmiente. Sin embargo, ya hemos recordado lo

difícil que es razonar cuando se es presa de la ansiedad. Si fuese fácil, las madres ni siquiera se lo plantearían como un problema.

Si no disminuye de peso y resulta que tiene buena salud, la conclusión más probable es que el niño esté haciendo la elección correcta, comiendo exactamente lo que en efecto necesita. Comer es indispensable para la supervivencia, como beber y respirar; pero nadie piensa en ir a pedirle a un niño que respire y que beba más. Nos fiamos. Del mismo modo, también sabrá comer bien. Una confirmación de esto viene, siempre en el estudio del pediatra, al comprobar que el crecimiento en altura se produce de manera normal. Por lo tanto, habría una disociación entre los dos crecimientos, como si se estuviese realizando una remodelación hacia una figura más esbelta. Estaréis de acuerdo conmigo en que un niño, tal y como está proporcionado en el primer año de vida, si fuese tan alto como vosotros, ya no suscitaría sentimientos de ternura y de protección, sino de horror y de repulsión; en lugar de preocuparos, agradeceríais al cielo la inteligencia de este cambio.

Ya desde el cuarto o quinto mes empieza una progresiva desaceleración en la velocidad de crecimiento. El peso, la altura y la circunferencia craneal siguen aumentando, pero con incrementos mensuales cada vez menores. En el caso del peso, que es el parámetro que más comúnmente causa ansiedad, la ralentización hacia el final del primer año puede transformarse incluso en una detención. Puesto que esto se comprueba, como norma, en los lactantes más regordetes, de los que no se ha hecho sino exaltar la voracidad, el triple mentón y la flacidez de las carnes, la desilusión aún será más amarga. Lo que se tendría que subrayar como un saludable giro fisiológico, en cambio, se vive como una catástrofe.

Si esto no ocurre entre el segundo, máximo el tercer año de vida, sí que hay que preocuparse; pues tenemos en el horizonte la amenaza del sobrepeso y de la obesidad. El cerebro lo tiene todo bajo control: elabora las informaciones que le llegan desde los diferentes órganos, reservas de grasas incluidas, y regula en consecuencia el grado de apetito necesario. Lo que querría subrayar es que nosotros damos por descontado esta capacidad en el adulto y la negamos en el niño. En el caso específico de los niños amamantados con leche materna, esta incoherencia aún es más sorprendente. Se la concedemos plenamente mientras toman solo leche, hasta el punto de que hoy en día nos hemos liberado definitivamente de la esclavitud de la báscula, y se la quitamos cuando toman leche y alimentos sólidos. Nos hemos fiado ciegamente de un neonato, estereotipo de la fragilidad y de lo inadecuado, y confiamos, también ciegamente, en un niño de un año. Un poco como si nos fiásemos más de él que de un adulto. Para ayudaros a vencer vuestros prejuicios, quiero contaros una historia de hace muchos años, en la que encontraréis mucho, si no todo, de lo que os he expuesto hasta ahora.

Los niños de Clara Marie Davis

Había una vez, en el lejano 1928, una pediatra estadounidense de nombre Clara Marie Davis a la que, confiando mucho más en los niños que en los pediatras, se le metió en la cabeza comprobar mediante un experimento si tenían una capacidad establecida de antemano para seleccionarse solos una dieta nutricionalmente correcta. Tuvo la posibilidad de ocuparse de algunos niños abandonados y decidió observar su comportamiento frente a la comida en condiciones ambientales bien definidas. Eligió a quince niños de entre seis y once meses que, hasta ese momento, se habían alimentado solo con leche y, por lo menos cuatro veces al día, los puso delante de una mesa donde, cada uno en un plato diferente, estaban visibles, en cuatro ocasiones diarias en rotación, treinta y cinco alimentos básicos. Se trataba de agua, sal, leche, harinas integrales, carnes, hortalizas y fruta, sin ninguna mezcla entre ellos. Nada de azúcar, mantequilla, queso ni alimentos industriales. Los niños estaban asistidos por enfermeras que les daban los alimentos solo cuando ellos demostraban un interés específico y se los introducían en la boca únicamente si la abrían de manera espontánea. Cuando

dejaban de comer, se quitaba la mesa. Al verlos comer, la impresión era de un caos total, con elecciones francamente absurdas, comidas tipo «medio litro de zumo de naranja e hígado o algún huevo, plátanos y leche», y cada uno con una selección tan diferente del otro, que todas habrían puesto los pelos de punta a los expertos en nutrición de la época. Incluso como cantidad de comida ingerida, cada una era diferente de la otra, y cada día se hablaba de ello. La mayor parte de los niños fueron seguidos y controlados por diferentes especialistas durante por lo menos cuatro años, y a lo largo de todo ese periodo los niños se mostraban felices y con una salud óptima. Ninguno engordó, ninguno adelgazó. Ninguno sufrió nunca estreñimiento. El meticuloso análisis de cada dieta demostraba sistemáticamente, haciendo la media, incluso en la aparente confusión, un equilibrado aporte de sustancias nutritivas, con una idónea y cada vez más espontánea adecuación a medida que los niños crecían.

La conclusión es demasiado clara. Los niños poseen, desde el nacimiento, la capacidad de regular el propio apetito en función de las necesidades reales del propio organismo. Y esto, inevitablemente, nos lo demuestran los niños

amamantados con leche materna que, incluso en la variabilidad de las características tomas, ingieren siempre la cantidad necesaria para un crecimiento normal. En el momento en el que pasan a la dieta mixta, cuando ya no existe la garantía de un equilibrio perfecto de las diferentes sustancias nutritivas garantizadas por la leche, el apetito específico para cada tipo de alimento se revela igualmente capaz de garantizarlo, con un margen de error insignificante. Solo hemos de tener claro lo que, en broma, la investigadora ha llamado su truco, que consiste en elegir nosotros los alimentos que les presentamos a los niños. El resto lo harán ellos.

Probablemente, en una situación del todo natural, los niños obtendrían los mismos resultados incluso sin nuestra ayuda, pero no podemos estar seguros en absoluto en un contexto diferente, lleno de condicionamientos, como el actual. La publicidad tendenciosa asociada a los programas de televisión para niños, el mal pero potente ejemplo de los compañeros, la natural predilección por el dulce tan a menudo presente en su camino son, por lo menos hasta que se demuestre lo contrario, presuntos factores de riesgo. Pensad que la propia Davis había programado un estudio que resolviese esta duda, pero fue suspendido por la falta de fondos debida a la gran depresión económica de 1929. Puesto que a nosotros nos gusta estar con los niños, no nos cansaremos en empeñarnos en ser siempre un buen ejemplo para ellos. Por lo tanto, limitémonos a la recomendación conclusiva de Clara Davis: que a los niños se les consienta siempre elegir los alimentos de las manos de los propios padres, como, históricamente, ha ocurrido siempre.

La media

Ahora solo nos queda poner en práctica lo que hemos aprendido, con la ventaja de que nosotros, al no tener que demostrar ya nada a nadie, podemos prescindir de la extravagante ostentación de los treinta y cinco platos del experimento. Ya sabíamos lo que estaba bien poner en la mesa después de nuestra visita por la pirámide de los alimentos; ahora sabemos que podemos y tenemos que dejar cada decisión sobre lo que comer a nuestros niños; ¿cómo nos podemos equivocar? El hecho es que el diablo siempre está allí, incluso después de haberle cortado la cabeza, preparado para meter la cola.

En el caso de Cándida, la cola del diablo ha ido a escarbar en las adormecidas inquietudes de la abuela, despertando su lejana y sufrida experiencia de joven madre. En situaciones en las que los padres no han madurado una sólida seguridad, la entrada en juego de figuras de autoridad, como las de las abuelas, incluso con influencia fuerte y decisiva en la economía de la joven familia, en el caso en el que la hija trabaje, conlleva el peligro de desplazar definitivamente los equilibrios en perjuicio del niño. Si en cambio, como Cándida, ya tenéis las ideas claras y conseguís ver más allá del velo de vuestras legítimas ansias, seguid adelante, porque estáis en el camino correcto, pero hacedlo sin sarcasmos ni aires de superioridad. Recordad siempre que los abuelos han sido inventados precisamente para proponer hacer todo lo que no sirve, en la fundada hipótesis de que algo que sirve realmente siempre se puede escapar, y poneros, de esta manera, en condiciones de remediarlo. Su desgracia ha sido la de haber caído primero, antes que vosotros, bajo las garras de consejeros inadecuados y, en tal caso, no pueden más que, convencidos de haceros un bien, transmitiros sus errores.

Y si no es la abuela, puede ser la amiga, la educadora de la guardería o el pediatra distraído al que, para contentar a los demás, habéis ido a pedirle opinión. No será fácil resistir la tentación de hacer algo. Sobre todo frente a tablas y gráficos que demuestren inequívocamente que vuestro hijo está por debajo de la media, esa línea negra que representa el límite entre el bien y el mal, la salvación o la perdición, la felicidad o la angustia.

Todos sabéis lo que es la media de una serie de valores, y sois capaces de darle el significado correcto si la aplicáis a los precios anuales de la fruta, a los intereses bancarios o a las temperaturas estacionales, pero no cuando se refiere al crecimiento en el peso de los niños. Si peso a todos los niños de una clase escolar y después hago la media, necesariamente encontraré que una mitad está por encima y que la otra mitad está por debajo. ¿Quiere decir esto, tal vez, que la mitad de los niños son anormales? Por esa regla de tres, la mitad del género humano es anormal, porque, por definición, está por debajo de la media. Cuando se realizan las famosas curvas de crecimiento, se pesa solo a los niños que se considera que son normales; para los niños cuyo peso se sitúe en cualquier punto de estas curvas, siempre va bien. El discurso es un poco diferente para la altura, que tiene que reflejar, más o menos, la tendencia familiar. Pero tengo que decir que raras veces he visto a los padres preocupándose por la altura de su hijo a la edad en la que nos estamos ocupando. Después, uno se lamenta no de la delgadez en absoluto, sino con relación a los demás niños de la misma edad; también, en este caso, se les niega a los niños el derecho a la diversidad que reconocemos y reivindicamos para nosotros. Cuando después se consigue que todos admitan que el niño se halla en los límites indicados de las tristemente célebres curvas, está lleno de energía y con buena salud, sale otra vez Satanás y apostilla: «Sí, pero no come».

Las dosis

Esta verdadera obsesión por la necesidad de respetar una cantidad recomendada de alimentos, tal vez la primera causa de todos los problemas, no es un producto original de la insensatez de madres y abuelas, sino algo extraño que, aprovechando la particular condición de fragilidad de la madre, se insinúa en su mente de inmediato después del nacimiento del niño. Os entra inocentemente, bien acogida, casi con gratitud, para después transformarse, lenta pero inexorablemente, en ese monstruo devorador de paz que es en realidad. De hecho, para la neomadre, tener una referencia exacta de la cantidad de leche que tiene que succionar el niño para poder crecer es, desde el inicio, motivo de tranquilidad.

Pero la trampa se dispara enseguida, porque las cantidades aconsejadas, un estándar igual para todos, independientemente del peso que tengan al nacer, solo podrán adaptarse con precisión a poquísimos niños. Si, como normalmente ocurre, son cantidades medias, irá bien solo para esos pocos niños que están exactamente en la media. Para todos los demás, o será demasiado, o demasiado poco, y adiós tranquilidad. Así se empieza, y así se continúa.

En el momento del destete llegarán otras cantidades estándar, las de los nuevos alimentos. Estas también se aceptarán porque, como he dicho, para la madre no informada, representan un dato técnico indispensable y disponible solo en el pediatra. Otra vez, únicamente una minoría de niños se encontrará en consonancia con las cantidades presentadas; para los demás seguirá habiendo problemas. Y aunque la curiosidad típica del periodo y el ritmo de crecimiento que se siguen manteniendo echarán una mano a la hora de esconder el conflicto subyacente entre oferta y necesidades reales, cuando se llegue al momento en el que el organismo dará la orden al apetito de reducirse de forma drástica, todo saldrá bruscamente y aparecerán el cansancio, el capricho, la desgana y quién sabe qué más cosas seremos capaces de inventarnos.

Como ya he contado, el niño está desorientado por el obstinado cortejo que se le ha reservado, trata de defenderse pero, de vez en cuando, por el bien de la paz, de la garganta, o de sus padres,

FP

cede y pica, impidiendo que su apetito se despierte de manera espontánea. Efectivamente, nunca pide comer, no por un capricho suyo, sino solo porque está saciado de manera permanente. «Gallina que no escarba, ya ha escarbado», dice el refrán. Desafortunadamente, el niño no se parece ni de lejos a una gallina y, por lo tanto, nadie le reconoce el mismo derecho a que se le deje en paz. Para que vuelva un atisbo de conciencia sobre la capacidad del que ayuna para saber responder a la llamada de sus necesidades esenciales, hay que esperar a que tenga una enfermedad, o mejor dicho, entre todas, una buena gastroenteritis.

El vómito lo sacude, cada vez que se le ofrece comida tiene náuseas y arcadas, apenas traga un poco de agua inmediatamente la vuelve a expulsar, la diarrea lo encorva y lo sanea, la ansia familiar crece pero nadie intenta insistir porque el pediatra ordena un ayuno temporal y una realimentación extremadamente gradual; la tregua se respeta y el enfermo empieza a preguntarse a qué santo tiene que bendecir por tanta gracia. Pero, ¡ay de él!, la curación, a pesar de los medicamentos, está garantizada y es espontánea, y anticipándose a todo, ¡oh, milagro!, pide comer. La recuperación es rápida, el equilibrio se alcanza pronto, el peso perdido se recupera completamente y el apetito se vuelve a situar sobre los culpables niveles precedentes a la enfermedad. Rara vez se obtienen las enseñanzas adecuadas; el episodio se juzga como una fugaz e inexplicable extrañeza, todo vuelve a ser como antes, los atropellos se retoman inmutablemente y el exmilagro empieza a pronosticar otra desgracia.

Las buenas intenciones

El hecho de que alguien se preocupe por definir con sumo cuidado la cantidad adecuada de las diferentes e innumerables sustancias nutritivas conocidas, que son necesarias para la supervivencia de los seres humanos, no es en absoluto algo que solo haya que considerar como una desgracia. Además de ser una actividad de estudio que legítimamente forma parte de las ciencias biológicas, las informaciones que se nos pone a disposición son esenciales, solo como un ejemplo, en todas las situaciones en las que un individuo no está en condiciones de manejar autónomamente su alimentación. Citaré, solo para quedarnos en los niños, a los neonatos extremadamente prematuros, que al no estar en condiciones de succionar completamente, necesitan ser alimentados por máquinas, por medio de sondas gástricas o directamente en la sangre, con dosis muy precisas, bajo pena de graves desequilibrios metabólicos. O incluso en niños mayores en estado de inconsciencia en terapia intensiva. Como siempre, el problema no es solo la calidad de la información científica, sino también el uso que se hace de ella.

Aquí vuelve el concepto de variabilidad individual al que hemos pedido socorro tantas veces. Puesto que, sin ninguna clase de duda, a pesar de estar vinculados a las mismas leyes naturales, todos somos diferentes, y esperamos seguir siéndolo, incluso en la cantidad de comida necesaria para cada uno de nosotros para una vida de calidad satisfactoria. Esto vale para todos, desde el prematuro hasta el adulto.

Cuando uno se lamenta por el hecho de engordar con el aire, y envidia al que puede permitirse llenarse sin ponerse encima ni un gramo de más, se da, en principio, una demostración concreta de este principio biológico. El problema es que no podemos saber de antemano en qué punto de esta variabilidad nos colocamos. Lo sabemos solo después de que nos hayamos alimentado según nuestro apetito y sin hacernos condicionar por nada más, como modas, celebraciones o cenas en casa de los suegros. Pero si es así, una vez bien orientada nuestra elección (véase la pirámide de los alimentos) no nos importa absolutamente nada saber cuánto tenemos que comer. Nos lo dice nuestro apetito. Y lo mismo vale para el niño. Que come lo suficiente lo deducimos por lo que vemos, por su energía vital, por la vivacidad de sus intereses, por lo incansable que es en el juego. Si tenéis alguna duda, ponedlo en condiciones de cansarse, tal vez al aire libre; ya pensará él en dispersar esas dudas. Por esta razón el mar les aumenta el apetito. ¡Por supuesto que lo hace! Estar al aire libre todo el santo día, sin pararse ni un momento, capturado por infinitos intereses nuevos, ¿no os parece un poquito diferente a vivir bloqueado en casa, plantado de manera permanente delante de una pantalla de televisión? La disminución de apetito que he descrito alrededor del primer año de vida también se mantendrá después porque, a pesar de que el niño se vuelva cada vez más alto, el crecimiento en el peso se estabiliza, como norma, en dos kilos aproximadamente al año hasta la pubertad. La cantidad de comida que introducirá variará solo en función de la importancia de su actividad física, de la que tiene, recordémoslo siempre, una necesidad desesperada.

Pero entonces, si el niño está bien, ¿qué hacemos nosotros con estas cantidades recomendadas? Vosotros nada en absoluto. Tienen una utilidad solo cuando es necesario organizar comidas para grandes grupos de personas. Vosotros, en vuestra casa, al tener que programarlas para un número limitado de familiares, de los que conocéis perfectamente las exigencias, no las necesitáis; solo para quien dirige un comedor son indispensables. En el colegio, por ejemplo, saber cuáles son las necesidades nutricionales de los niños a esas edades específicas, permite proveerse de las cantidades adecuadas de alimentos y preparar porciones que no descontenten a nadie, ni siquiera al niño más tragón que se pueda encontrar. Atended que siempre hablo de niños normales, que tienen la necesidad de comer mucho para mantener un peso normal, como esa amiga a la que envidiáis tanto. Son una pequeña minoría, pero existen.

Esta certeza deriva precisamente del hecho de que las cantidades individuales que se recomiendan, para satisfacer casi la totalidad de los niños, se calculan por nutricionistas como si todos estuviesen en la cima de la escala de las necesidades, en resumen, todos grandes tragones. Como planteamiento teórico de salida, es encomiable y no tiene desperdicio, pero en la práctica ocurrirá que solo esos pocos niños que sean grandes tragones terminarán sus raciones, mientras que todos los demás, unos menos, otros más, algunos mucho, dejarán sobras en el plato. Prueba de esto es el dato estadístico, valido prácticamente en toda Italia, de un porcentaje de comida tirada a la basura, porque no se ha consumido, incluso hasta la mitad del total preparado.

Imaginemos que este desperdicio no nos molesta; sin embargo, hay otra cosa que no puede dejar de importaros. Si nadie ha informado a las familias de cómo funciona la definición de las raciones, a muchas de ellas les ocurrirá que el niño siempre deja algo, o mucho, en el plato. O bien les dicen que en el colegio siempre se lo come todo y sin embargo en casa, al haber ya satisfecho todas sus necesidades diarias, se salta las comidas. El mismo problema, probablemente, ya ha salido con el pediatra, que se basa sobre las mismas, absolutamente serias y fiables, tablas, solo que se ha olvidado deciros que se trata de indicaciones generales, que hay que ajustar según la respuesta del niño. Esto explica por qué tan rara vez los niños son constantes al atenerse a las cantidades recomendadas, y muy pronto la mayor parte de ellos empieza a rechazar lo que se les ofrece. La dieta perfecta aconsejada por el experto salta por los aires y uno empieza a dudar.

¡No os dejéis confundir! Mirad bien a vuestro alrededor qué puede estar ocurriendo. No olvidéis nunca que para él, vosotros lo sois todo y ser tratado mal por vuestra parte es el peor sufrimiento. Es verdad que normalmente se sale con la suya y evita que se le cebe, pero puede suceder que, si las ansias de perderos alcanzar niveles insostenibles, pueda decidir intercambiar su salud física por su salud mental. Él ha entendido que si os contenta, le demostráis reconocimiento y afecto: «¡Bien, los contentaré; así terminarán mis sufrimientos!». Comer para obtener serenidad. Pero al precio de volverse obesos. ¿Quién sabe cuántos adultos obesos, que pican a cada hora del día y de la noche para aplacar su ansia, podrán haber vivido experiencias de este tipo?

El que tiene razón es vuestro hijo. Él, en la práctica, con lo que ha introducido libremente en su cuerpo os indica con exactitud la cantidad de comida que necesita en un día, en ese específico periodo de su vida. Solo tenéis que distribuirlo en las cuatro comidas diarias, con raciones adecuadas, con los alimentos adecuados, es decir, los preparados de manera consciente para toda la familia. Puesto que los niños, por definición, cambian continuamente, de la misma manera también lo hará su apetito. Cada vez, recibido el mensaje, haréis, más o menos, los debidos ajustes. En general, siempre es mejor darles un poco de menos que un poco de más; ello les enseñará que la comida se pide, que alguna vez se gana y que siempre, todo, está muy bueno. El destete a petición está todo aquí. En cambio, si el problema nace en el colegio, pediréis de manera cortés, pero firme, al personal que reduzca las cantidades de vuestro hijo o que impida, porque puede ocurrir, que se zampe los platos de los demás.

Que os consuele también este hecho indiscutible: no existe la dieta perfecta. Es necesario poner de manera conjunta muchos factores nutritivos diferentes, para que cuando se estructuren las cantidades de los distintos alimentos de la pirámide, se intente llevarlos a todos por encima del mínimo aconsejado y se descubra que mientras tanto buena parte de ellos han superado los límites máximos, con posibles problemas de salud. Contentémonos con acercarnos en la medida de lo posible. Nuestro cuerpo está bien hecho y, si lo tratamos bien, sabe arreglárselas. Lo hace desde hace millones de años. Confiemos en él, respetándolo. Y confiemos en los niños, respetándolos. Haced caso a quien se ha equivocado antes que vosotros.

LA NOCHE ANTES
DE LOS EXÁMENES

Un breve resumen para no complicaros la vida:

Conocer al niño

P ara cualquier cosa que queráis hacer con vuestro hijo, tenéis que conocerlo bien. Los esquemas generales de su comportamiento son parecidos a los de todos los demás cachorros humanos, pero él, inevitablemente, desarrollará una particularidad suya por el simple hecho de vivir en una familia específica, por lo que será diferente de todos los demás. Su individualidad será una mezcla de sus características genéticas y de lo que vosotros le enseñaréis activa y pasivamente con el ejemplo.

Creed en él, queredlo, haceos querer, y evitaréis que se realicen todas esas nefastas profecías que, padres desafortunados e infelices, casi esperando poder consolarse con la media alegría de un mal común, se dan prisa por regalaros en el momento en el que descubren el próximo nacimiento de un niño.

El lugar donde nacerá y la manera en la que nacerá tienen una función decisiva para determinar la cualidad de vuestra futura relación con vuestro hijo. Informaos con tiempo suficiente y sopesad bien vuestras elecciones.

Tener al niño en la mesa con los padres

Los niños enseguida tratan de aprender a orientarse en el entorno en el que han caído. Cuanto más conocen, más seguros se sienten, como un turista en un país desconocido. Cuanto más seguros estén, más disfrutarán de la vida y os la harán disfrutar a vosotros. Interactuar con vuestro hijo, en la medida en que os sea posible, facilita enormemente este trabajo. Tratad de estar en su compañía cuando encontréis un momento libre, tenedlo cerca cuando hagáis algo en lo que él no pueda molestar o que no le resulte peligroso.

La comida en familia, cuando sea capaz de estar sentado con la suficiente estabilidad, es una óptima ocasión para hacer que experimente algo que, más tarde, será para él de una importancia fundamental. En previsión, haced una evaluación de vuestra dieta habitual y comprobad que sea correcta. Si pensáis que no seréis capaces, informaos con tiempo suficiente en vuestro médico, en el pediatra, en páginas de Internet cualificadas. Tenéis que estar seguros de saber comer bien. En este ámbito esta es vuestra única y fundamental responsabilidad. Si no la aceptáis, podéis dejarla aquí.

Esperar a los seis meses aproximadamente

Los seis meses —esto es aproximado— reúnen en sí el momento final, o el inicio de la madurez de las competencias necesarias para que el niño esté en condiciones de empezar a experimentar la introducción de alimentos sólidos con toda seguridad. Esto significa que no correrá peligro de alergias, intolerancias, diarreas, inhalaciones de cuerpos extraños o problemas relacionados con cualquier tipo de alimento. En el caso de los que han nacido de manera prematura, añadiremos el número de semanas a las que se ha anticipado el nacimiento.

Además, alrededor de esta edad, cada vez se vuelve más irrefrenable un comportamiento imitativo generalizado, que asumirá las misteriosas actividades que se llevan a cabo a la hora de vuestras comidas. Es de esta manera como el niño os envolverá en su aventura hacia la edad adulta, por lo menos por la parte que concierne a procurarse la comida.

Esperar la petición de comida por parte del niño

Los niños, a los seis meses, no solo no hablan sino que tampoco tienen la más mínima idea de que lo que ven en la mesa es comida. Por lo tanto, es impropio decir que pedirá comida. Más bien hará entender, con un comportamiento muy articulado y convincente, señalando vuestros platos, que quiere copiar la experiencia que vosotros estáis teniendo. Naturalmente, no lo hará todo así de golpe, de un día para otro, pero lanzará primero una ojeada vaga, después más sostenida, luego incluso se agitará cada vez más hasta que no podáis evitar dejarle que lo pruebe.

También puede ocurrir que algún niño deje pasar las semanas sin tomar ninguna iniciativa, desilusionando vuestras expectativas. No tenéis que hacer nada, solo esperar tranquilamente. Considerad que son precisamente estos niños los que oponen el rechazo más limpio al destete tradicional. Por lo cual, no os metáis en problemas; rara vez el retraso va más allá de los dos meses. Esperar su momento justo también significa normalizar el riesgo de que algún trocito de comida coja el camino equivocado hacia las vías respiratorias. No tengáis miedo a las alergias. Seguir esperando largo tiempo después de los seis meses no disminuye el riesgo. Las pequeñas degustaciones aconsejadas para los niños con dermatitis alérgica ya están previstas naturalmente con el destete a petición. El verdadero error es no hacerlas en absoluto.

Satisfacer cualquier petición suya, siempre y en cualquier lugar
Para ser vencedores, vuestro comportamiento tiene que ser coherente. Contentadlo donde os encontréis, en casa de los amigos, en el restaurante, en el bar, en la montaña. Si estáis convencidos de lo que habéis decidido hacer, hacedlo siempre sin ningún temor. Si podéis comer esa comida sin temer las consecuencias, lo mismo le pasará a vuestro hijo. Si sabéis que podría haceros daño y decidís no dárselo, haríais mejor en tomarlo como ejemplo.

No tenéis necesidad de llevar con vosotros algo que tampoco os sirva. No es importante que cada comida sea perfecta en su composición, no es importante que esté necesariamente caliente, no es importante que se sirva en un plato. Además, en condiciones de necesidad, una ocasional comida de leche en lugar del almuerzo o de la cena no causará ningún daño.

Dejar las degustaciones si cesa la petición

Si queréis que el niño aprenda que la comida se tiene que pedir, que no la deje, que no la deteste, no lo forcéis nunca, ni cuando está bien ni, aún más, cuando está mal. Tanto pide, tanto se le da. Algunos son más rápidos en incrementar las peticiones, otros más lentos, unos pocos lentísimos, pero existen, y son igualmente normales. No tenemos ninguna prisa. La leche conserva su integridad nutricional sin límite de tiempo, y el aumento de la necesidad de algunos nutrientes se presenta con la misma gradualidad con la que el más lento de los niños incrementa la introducción de los nuevos alimentos.

No os preocupéis nunca de hacer una evaluación precisa de lo que haya comido. Se trata de una cuestión de su competencia en la que él, por suerte suya y nuestra, es la autoridad más alta que existe. Sin embargo, una evaluación superficial viene de manera natural y tiene que concernir solo a la variedad de la dieta, en el sentido de un equilibrio adecuado entre los diferentes alimentos, se recomienda con la dieta conocida como «mediterránea».

Después, no olvidemos que esos niños que han crecido bien con poquísima leche no podrán sino seguir haciéndolo con poquísimos alimentos sólidos. No son muchos pero, afortunadamente, existen. Serán ellos los que perpetuarán la raza humana si se tuviese que concretar esa catástrofe mundial que, parece, queremos echarnos encima a cualquier precio.

La sorprendente facilidad con la que todo ocurre, y la alegría del niño, a menudo entusiasman a los padres hasta tal punto que los empuja a forzar los tiempos. Recordad siempre que quien dirige la orquesta es él; vosotros preocupaos de tocar bien.

Forzar a los niños a comer causa hostilidad, rechazo, confusión en las elecciones y por consiguiente, según el contexto familiar, malnutrición, desnutrición u obesidad.

No cambiar los ritmos y la duración de las comidas familiares

Las comidas sólidas del niño se van estructurando sobre los horarios de la familia, lo que representa un gran ahorro de tiempo. Esto ocurre sin ningún esfuerzo o incomodidad. Para los niños no tiene ningún fundamento recordar que un horario es mejor que otro. Si la familia come y cena a horarios extremos, así irá también bien para ellos. Su adaptabilidad es un hecho. Es un ejemplo válido la amplia variabilidad, diurna y nocturna, de los horarios de las tomas de un niño amamantado con leche materna.

Si, por cualquier razón, se tuvieran que decidir posteriores ajustes de los horarios comunes, hacedlo sin temor alguno. Tomáoslo como si tuvierais que hacer un viaje que imponga un cambio sensible del huso horario. Les ocurre a muchas familias cuando se van de vacaciones, y nunca hacen un problema de ello.

La lactancia prosigue como se quiere

Las tomas continúan de acuerdo con su ritmo precedente, indiferentes a los cambios que están teniendo lugar. El ajuste será automático. Con el avance de las degustaciones, las tomas cercanas al almuerzo y a la cena disminuirán gradualmente hasta desaparecer del todo. Para el que toma la fórmula sustitutiva, por razones prácticas, el golpe de la puesta a cero final también puede ser decidido de manera autoritaria. En cambio, para los niños amamantados con leche materna no existe ninguna ventaja en interrumpir las ocasionales degustaciones. Las otras tomas más consistentes, diurnas y nocturnas, seguirán manteniendo largo y tendido su función fundamental, tal vez con el añadido de alguna degustación de los caprichos de los que normalmente se complacen los padres. Fundamentalmente, la lactancia materna, incluso después del inicio de los alimentos sólidos, sigue siendo un hecho privado entre madre e hijo y, a menos de una petición expresa, nosotros, los pediatras, tendríamos que dejar de opinar sobre ello.

El nombre

«Destete» es una palabra fea. Además de utilizada de una manera impropia porque, en realidad, describe el abandono total del pecho por parte del niño que ya es demasiado grande, para el cual, ahora, representaría solamente una costumbre en la peor acepción del término, es decir, de un vicio. En nuestro caso no se produce ningún abandono de nada, solo un enriquecimiento de la experiencia que después se convierte, accidentalmente, en un cambio de régimen dietético muy parcial y gradual. Hoy en día se tiende a definir todo esto como «alimentación complementaria», porque los nuevos alimentos representan un complemento a la previsible futura inadecuación nutricional de la leche como alimento exclusivo. Por lo tanto, lo que se ha propuesto aquí se vuelve «alimentación complementaria a petición». Admito que, en cuanto a elegancia, no es que hayamos dado grandes pasos hacia delante pero, en todo caso, se entiende mejor y sin equivocaciones que es de lo que se trata en realidad. Evocar la urgencia de eliminar un vicio sórdido y un alimento de calidad caducado es una cosa; sugerir la posibilidad de graduales integraciones a un régimen dietético todavía excelente es otra. Por lo tanto, en este caso, el nombre cuenta y se debe cambiar. Todo es encontrar otro que sea más agradable. También podéis probar vosotros pero, por favor, de la manera en la que lo llaméis, para evitar reconoceros en el epílogo, hacedlo con fantasía.

De la Teta al Plato

EPÍLOGO

*Que puedas hacerlo todo, y solo
desees hacer lo bueno.*

M. DE MONTAIGNE,
Ensayos

Por unos cuantos gramos[1]

Apenas entraron en la consulta, el doctor Migliore se levantó
con elegancia de su sillón giratorio de piel roja y, con una
de sus más cautivadoras sonrisas estándar, como para tran-
quilizarlos sobre el buen resultado de su visita, se presentó.
Doctor: Buenos días, soy el doctor Migliore, el pediatra. Por
favor, pasen ustedes.
Mamá: Buenos días, doctor, soy la senora Trottola.
    Extraña pareja —pensó enseguida el pediatra—. Cuanto más
ansiosa se mostraba ella por comunicar, más callado y hos-
co se mostraba él. De hecho, sus «buenos días» fueron, en
realidad, más intuidos que escuchados. El contraste también resaltaba en el aspecto, con ella delgadita y bien cui-

---

1. De *UPPA*, revista para padres, n.º 2, 2003.

dada, y él, en cambio, además de más alto, más bien re-
choncho y con moderado desorden.

M: Muchas gracias por habernos recibido enseguida. En realidad usted no nos conoce, pero yo tenía urgencia por con-
sultarle.

D: De nada. Dígame libremente de qué se trata. La interrum-
piré solo si me falta alguna información que sea realmente
importante.

M: Mire, en pocas palabras, mi Pierino este mes ha bajado
doscientos gramos, y como hasta ahora nunca antes había
pasado, entenderá que me he preocupado. Es decir, a decir
verdad ya había sucedido antes, y muchas veces, pero en
el embarazo, que a cada ecografía se estiraba y se enco-
gía como una goma. El ginecólogo me decía que era por
el efecto demasiado fuerte del suplemento Panzefort, que
le aceleraba el crecimiento, y cuando lo dejaba tenía un
rebote. De hecho, incluso después, con el suplemento que
me daban para tener más leche, el Mukkavit, siempre tenía
miedo de estos extraños efectos; en cambio, nunca más. Y
pensar que nunca me había dado cuenta de nada. Fue una
muy buena amiga mía la que me lo hizo notar. «Pero ¿no
ves lo consumido que está?», me dijo. Me llevé un susto de
muerte, créame. E incluso añadió: «Y lo pálido que está».
En casa lo pesé y de verdad era cierto, por lo menos había
perdido doscientos gramos. Creí que me moría. Con todo
lo que he sufrido, y gastado, para criarlo.

D: Disculpe, solo una cosa. ¿Pierino ha tenido alguna vez problemas alimenticios?

M: ¡Desde siempre, doctor! Desde la primera toma me ha
dado mucha guerra. El problema ha sido que me ha

costado aclararme las ideas. Piense que cuando solo tenía cinco días lo tuve que llevar al pediatra del seguro porque en casa, con mi báscula, cada vez que le pesaba eran
diez pesos diferentes. Pero usted sabe cómo son esos, para
no trabajar todo va bien, les pagan de todas formas. Entenderá, acababa de salir del hospital y, por el amor Dios,
ocupados como están, media palabra era demasiado, y de
mala gana, pero la precisión, la meticulosidad, no le digo...
¡Problemas si el niño tomaba incluso solo cinco gramos de
menos de leche! Yo en mi ignorancia no me daba cuenta
de la gravedad de los hechos, pero ellos, ¡ah!, ¡que el Señor
los bendiga!, ellos sí que me supieron convencer. «¿Y qué
quiere, dejarlo morir de hambre?», me decían. Faltaría más
que no me convencieran. Y así cuelga, descuelga, pesa,
vuelve a colgar, vuelve a descolgar, vuelve a pesar, no sabe
cuántas veces; después, el añadido, que para dejarse tomar en brazos, siempre ha sido un perezoso, pero esa, por
las buenas o por las malas, ¡ah!, ¡sí se la hacían tragar! No
se imagina la paciencia que tuvieron, y yo lo aprendí todo,
sabe, y lo volví a hacer todo, con pelos y señales, siempre. Y
después a la salida, ¡un pediatra tan amable y atento! ¡Las
recomendaciones que me dio! Esté atenta aquí, esté atenta allá, dele esto, dele esto otro, hágamelo saber, llámeme
cuando quiera. Fíjese, me dio todos sus números de teléfono, hasta el de casa, que yo nunca lo habría aceptado,
pero insistió mucho. Después lo busqué muchas veces en
el hospital pero, pobrecito, tenía siempre tanto trabajo que
al final tuve que ir por fuerza a ese bendito pediatra que le
decía. Y ¿sabe qué se atrevió a decirme? Que todo era simple, que estuviera tranquila, que bastaba con que el niño

estuviera satisfecho, que ya pensaría él en hacerme entender cómo estaba. ¡Cosas de otro mundo! ¡Un niño tan pequeño! E incluso quería darme un folletito de un cierto amigo suyo pediatra, ¡imagínese! Precisamente como los carabinieri. Y además con un nombre... como zumpappà o parecido, que yo le he dicho: «Sí doctor, muchas gracias doctor», y ya no he vuelto a ir más. Entonces...

[Mientras la madre hablaba, el doctor Migliore (cuya larga experiencia le permitía registrar fielmente lo que escuchaba y, mientras tanto, ocupar la mente en otra parte), como buen profesional, trataba de hacerse una idea del tipo que fuese el padre, porque, como indican los libros, un buen conocimiento de las dinámicas familiares permite encontrar con más facilidad las soluciones a los problemas. Como padre no era diferente de tantos otros, permaneciendo como estaba, en silencio, desde que había entrado. Sin embargo, chocaba el hecho de que el silencio cohabitase con una especie de casi impaciencia a los discursos que estaba ella pronunciando; sin duda, esto también distaba en los padres, obligados por sus mujeres a presenciar en las consultas médicas los problemas de los que creen que no tendrían que interesarse en absoluto, pero que, sin embargo, pocas veces consiguen evitar llegar hasta el final para expresar su opinión. El hombretón se agitaba abochornado en la silla, que crujía bajo su mole, y de manera continuada miraba a su alrededor, casi perplejo, como si buscase pretextos para no escuchar, para no mirar la fuente inagotable de palabras que lo flanqueaba, para evitar provocaciones. «Realmente admirable –pensó el pediatra–. Con una mujer así no tiene que ser fácil»].

Epílogo

M: ...entonces llamé a casa de ese pediatra del hospital, el doctor Mercante, y muy amable, nada más oírme, me dio inmediatamente una cita. Nos entendimos enseguida. Con él encontré la seguridad y el calor del hospital. No había nada que no hiciese sin su supervisión. Horarios, añadidos, infusiones, cremitas, gotitas de todos los tipos..., él prescribía y yo cumplía. Me sentía realmente como una buena enfermera. Yo lo pesaba en casa todas las semanas y él me lo controlaba, pesaba y medía en el ambulatorio todos los meses. La gente no puede entender la felicidad de una madre cuando, destruida por los fracasos hasta un momento antes, recibe el veredicto favorable y comprensible de la báscula, y el pediatra te mira a los ojos, también feliz, exclamando: «¡Enhorabuena, señora, crece como un novillo!». Si he conseguido que no se consumiera por culpa de mi poca leche se lo debo solo a él. He aquí que todos los sacrificios, también económicos, no fueron en vano, porque el doctor Mercante era bueno y gentil pero... oh, lo siento, no quería recriminar... por otra parte lo que es justo... Si uno es bueno... en resumen, por los hijos se tiene que estar preparado para todo, pero por supuesto, uno me ha sido más que suficiente. Lo único que no entiendo es por qué me ha dado la espalda precisamente ahora. Le informé enseguida de lo que estaba ocurriendo y me dijo que no me tenía que preocupar, porque era un fenómeno del todo normal y que ya no tenía que pesarlo todos los meses, que es algo que se hace solo cuando son pequeños y, en resumen, que no lo necesitaba. No me cabía en la cabeza que fuese precisamente él el que me dijera estas cosas. Él, que renunciaba a sus más sacrosantas enseñanzas. Entenderá, doctor, que me he sentido perdida y...

[Ese padre le llamaba la atención de verdad. Hasta ese momento su contención le había parecido un poco extraña y, sin embargo, interpretable. En cambio, ahora que se había estirado sobre la silla, con las piernas extendidas y con una revista en la mano, intentando mirar con gran atención las fotos, perdiendo definitivamente todo interés por la conversación que un poco le tenía que concernir, le parecía decididamente fuera de lugar. La creciente irritación por esa extraña pareja lo llevó a perder el hilo técnico de la visita, y bruscamente interrumpió a la señora Trottola.]

D: Sí, sí, lo entiendo. Precisamente una historia complicada, pero para ayudarla, verá, tengo que ver a Pierino. ¿Dónde está?

M: ¿Cómo que dónde está Pierino? —respondió señalando sorprendida a su lado— ¡Él es Pierino!

FP

De la Teta al Plato

ÍNDICE